UN ESTUDIO BÍBLICO DEL
ESTILO DE VIDA DEL REINO

EL REINO *INCONMOVIBLE* DE DIOS

Darrow L. Miller | Bob Moffitt | Scott D. Allen

EDITORIAL JUCUM
P.O. BOX 1138 TYLER, TX 975710-1138

Disciple Nations Alliance
Founded by:
Harvest and Food for the Hungry International

Editorial JUCUM forma parte de Juventud con una Misión, una organización de carácter internacional.

Si desea recibir gratuitamente un catálogo de libros y materiales comuníquese con:

Editorial JUCUM
P.O. Box 1138, Tyler, TX 75710-1138 U.S.A.
www.editorialjucum.com
Teléfono: (903) 882-4725

El reino inconmovible de Dios

Versión española: Antonio Pérez
Edición: Miguel Peñaloza
Publicado por Editorial JUCUM
P.O. Box 1138, Tyler, TX 75710-1138 U.S.A.

Publicado originalmente en inglés con el título de:
God's Unshakable Kingdom

Publicado por YWAM Publishing
P.O. Box 55787, Seattle, WA 98155 USA

Sexta edición 2021

ISBN 978-1-57658-407-1

Impreso en Colombia por: www.nomos.co

Un estudio bíblico del estilo de vida del Reino

El plan singular de Dios para las naciones
El reino inconmovible de Dios
La cosmovisión del reino de Dios

Reconocimientos

Este proyecto ha sido un verdadero esfuerzo de equipo. Muchas gracias a Randy Hoag, presidente de «Fundación Contra el Hambre» por su plan para desarrollar esta serie y su ánimo a lo largo de su realización. Gracias a Max Rondoni por su valiosa ayuda para organizar la enorme cantidad de material escrito y convertirlo en un instrumento de trabajo didáctico. Estamos en deuda con Cindy Benn y Natalie Clarke por su ayuda para la edición y corrección de los textos en lengua inglesa. Agradecemos la experimentada asistencia editorial de Judith Couchman, quien no sólo aportó su excelente nivel profesional a la redacción de estas lecciones sino que también comprometió su corazón. Muchas personas más contribuyeron con su valiosa intuición a conformar el contenido de estas lecciones. Entre ellas están Karla Tesch, David Conner, Dave Evans, Rhonda McEwen, Arturo Cuba y Gary Zander. Damos las gracias a Warren Walsh, Marit Newton, Richard Kim, Janice Manuel y demás profesionales de Editorial JUCUM. Les agradecemos el tiempo y la energía invertidos en la preparación de este manual. Ha sido un privilegio trabajar con este maravilloso equipo de personas comprometidas con Cristo.

Índice

Prefacio

¡Saludos de un compañero peregrino! Me agrada sobremanera que usted comience la lectura de este libro a la manera de un *estudio bíblico*. Mi pasión consiste en ver crecer a las personas en su relación con el Rey Jesús y prosperar en su reino. Mi plegaria es que este libro y el proceso de su aprendizaje sean de gran bendición para usted.

El *estilo de vida del reino* es una serie de estudios basada en la analogía de un árbol. La Biblia recurre a menudo a la metáfora de un árbol para describir la vida cristiana. Por ejemplo, en la Carta a los Romanos 11:16, dice: «Si se consagra la parte de la masa que se ofrece como primicias, también se consagra toda la masa; si la raíz es santa, también lo son las ramas». Lo mismo sucede con nuestra vida. Para rendir fruto abundante es necesario un tronco fuerte. Para que un tronco sea fuerte ha de tener buenas raíces. Todo depende de un terreno fértil. Como en el caso de las raíces profundas, este concepto es en realidad bastante sencillo.

No sólo me entusiasma el rico contenido de esta serie; también me gusta el método. Estoy convencido de que la gente aprende mejor en grupos pequeños y llevando a la práctica lo que aprende. No fuimos creados para crecer aislados.

Este estudio particular sobre *El reino inconmovible de Dios* trata de la maravillosa agenda de Dios para redimir y restaurar todas las cosas que fueron subvertidas por causa del pecado y la rebelión del hombre. Tal como nos recuerda el apóstol Pablo en su Carta a los Colosenses 1:20, el plan de Dios consiste en «reconciliar consigo todas las cosas, tanto las que están en la tierra como las que están en el cielo». Cuando Jesús enseñó a sus discípulos a orar, les dijo que pidieran precisamente por el cumplimiento de esta meta: «Venga tu reino y que tu voluntad se haga en la tierra como en el cielo» (Mateo 6:10).

La vida de cada uno de nosotros tiene parte en el plan de Dios. Él tiene un propósito para cada vida, el cual se extiende mucho más allá del pago de la pena por sus pecados y asegurarle un lugar en el cielo. Le ha salvado con el propósito de usarle para el avance de su reino en la tierra. Le ha bendecido para que lleve bendición a otros. Le salvó para llevar a cabo las buenas obras que había preparado de antemano para usted. (Efesios 2:10). Su vida es estratégica para Dios. Y si esto es así, ¿qué puede ser más importante que comprender el reino de Dios, del que tanto habló Jesús cuando ministró en la tierra? Esto es exactamente lo que este estudio se propone hacer. Elevo mi oración para que el esfuerzo realizado sirva para ensanchar su mente y transformar su vida; también para que labores —con la ayuda de Dios— en la extensión de su reino hasta los rincones más oscuros de su comunidad, de su nación y del mundo entero.

Que la gracia de Dios y el gozo abunden en su vida.

Colaborador al servicio del Rey y de su reino,
—Randy Hoag
Presidente de *Fundación Contra el Hambre*

En qué consiste este estudio

Este manual consta de ocho grandes temas. Estudiaremos el reino de Dios y la parte que nos corresponde a cada uno de nosotros en su avance. El estudio se puede abordar individualmente o en grupos pequeños. Se divide en ocho sesiones conforme lo indicamos a continuación.

Temas

Sesión 1. Se define el reino de Dios mediante el examen de tres cuestiones básicas: Qué es un reino, cuál es la voluntad de Dios y dónde debe cumplirse su voluntad.

Sesión 2. Se examina el abanico de posibilidades que comprende el reino de Dios a través de Cristo como Rey y Señor soberano y los efectos de su sangre derramada en la cruz para redimir todas las cosas (Col. 1:19-20).

Sesión 3. Se observa la escala de valores del reino de Dios desde una perspectiva adecuada. Cuando Adán y Eva pecaron, el plan original de Dios fue subvertido. Sin embargo, el orden perfecto está siendo restablecido con la llegada de su reino.

Sesión 4. Se explora el hecho sorprendente de que Dios se deleite en multiplicar las fuerzas de los débiles, los pobres y los ignorantes para extender su reino y revelar su gloria.

Sesión 5. Se descubre que el servicio abnegado es un valor central en el reino de Dios. La grandeza humana no consiste en el estatus, la posición social, o el poder, sino en la obediencia humilde y el servicio amoroso.

Sesión 6. Se observa que el reino de Dios está abierto a todos. Ante el trono de Cristo, gentes de todo grupo étnico, sexo y clase social son iguales. No hay nadie inferior en su reino.

Sesión 7. Se analiza el hecho de que el reino de Dios avanza de dentro hacia afuera. Comienza en los corazones y las mentes a través de la regeneración espiritual de los individuos. A partir de ahí se abre camino hacia afuera a través de la familia, la iglesia y la comunidad hasta alcanzar a todo el mundo.

Sesión 8. Se examina cómo el reino de Dios y el reino de las tinieblas de Satanás coexisten. Ambos avanzan. No obstante, el autor del libro de «Hebreos» afirma que algún día habrá una «conmoción» terrible. El reino de Satanás acabará en la ruina y el verdadero reino permanecerá (Heb. 12:26-28). El reino de Dios es inconmovible.

Cada sesión contiene:

a- Palabras claves

Después de un estudio inicial, cada sesión incluye el análisis de algunas palabras «claves». El lector puede utilizar otros recursos adicionales como un diccionario o un comentario bíblico. La comprensión de estas palabras le ayudará a obtener mayor rendimiento.

b- Versículos claves

Después de estudiar las palabras claves hallará un pasaje de la Escritura para cada sesión. Lea atentamente la cita y responda las preguntas respectivas. Estos pasajes proporcionan una referencia bíblica para el aprendizaje. Ya sea que dirija, que participe en un grupo pequeño o que estudie solo, usted debe consultar las respuestas sugeridas para cada sesión en los *versículos claves o en las notas de estudio* que se encuentran al final del libro. No todas las preguntas requieren una respuesta del tipo «verdadero» o «falso», pero las sugerencias le ayudarán a estimular su pensamiento.

c- Intuiciones bíblicas

Estas intuiciones constituyen el corazón de cada sesión. Léala detenidamente y tome notas a medida que vaya leyendo. Subraye los puntos más importantes y escriba las preguntas que se le ocurran.

d- Preguntas de descubrimiento

Estas preguntas están concebidas para guiarle a la palabra de Dios y alcanzar un mejor entendimiento del material que cubre la sección *intuiciones bíblicas*. Las respuestas sugeridas para estas preguntas se pueden encontrar en las *notas de estudio*, al final del libro.

e- Puntos para recordar

Aquí encuentra usted un breve resumen de los puntos claves de cada sesión.

f- Pensamientos finales

Presentamos la conclusión del tema, la cual supone una transición del núcleo de la sesión a la aplicación personal que le sigue.

g- Aplicación personal

Esta parte está destinada al crecimiento personal. Las preguntas están concebidas para ayudarle a reflexionar sobre su propia vida e impulsarle a hacer una aplicación personal.

h- Una respuesta práctica

Las actividades opcionales sugeridas le ayudarán a aplicar concretamente las enseñanzas bíblicas. Si usted dirige un grupo pequeño le solicitamos que lea la *guía para el líder* antes de comenzar. En ella se ofrecen algunas orientaciones que le ayudarán a maximizar el aprovechamiento.

Mediante el uso de estas instrucciones podemos lanzarnos a estudiar las Escrituras y a descubrir el poder y la majestad del reino inconmovible de Dios. Es un reino que impacta profundamente las vidas y Dios quiere que usted colabore en su expansión. ¿Qué papel desempeñará usted? ¿Cómo le usará Dios para influenciar a otros? ¿Cómo incidirá la conformación de este reino eterno en la historia de su vida? Las respuestas pueden ser emocionantes.

INTRODUCCIÓN

El gran plan

Hace varios años, en las islas Filipinas, un misionero conoció a unos jóvenes que deseaban incorporarse a los grupos rebeldes maoístas. Cierto día, el misionero preguntó al líder del grupo qué clase de atractivo había hallado en el maoísmo que no pudiera experimentar en el cristianismo. La respuesta del joven fue profundamente inquietante y desoladora. Con mucha claridad explicó que el maoísmo le ofrecía cuatro cosas esenciales: (1) una concepción unificada y coherente del mundo, la historia y la realidad; (2) una meta definida por la cual trabajar, vivir y morir: (3) un llamado a todas las gentes a integrarse en una fraternidad común; y (4) un sentido de compromiso para extender la noticia de que hay esperanza para los desesperados. «El hecho es que… la fe cristiana con toda su hermosura parece incapaz de proporcionarnos tal cosmovisión»[1], concluyó.

Invadido por la tristeza y la frustración, el misionero vio cómo aquellos jóvenes idealistas caían en las garras de una ideología destructiva.

Una necesidad humana básica

Actuar movido por una «visión» es una necesidad humana básica. La Sagrada Escritura afirma: «Donde no hay visión, el pueblo se extravía (Pro. 29:18). El mismo Jesús persiguió una visión. La expresó con estas palabras: «He venido a traer fuego a la tierra, y ¡cómo quisiera que ya estuviera ardiendo! (Lucas 12:49). Jesús fue movido por una visión que él comparó con el fuego. Apuntaba a una completa transformación del mundo y todo lo que hay en él.

¿Cuál era ese fuego que él vino a encender? Este fuego —esta visión— era el reino de Dios.[2] ¿Mueve esta visión a la iglesia? El gran estadista y misionero E. Stanley Jones (1884-1972) hizo esta trágica declaración: «La iglesia la ha perdido; ha perdido la visión bíblica del reino de Dios».[3] Jones calificó esta pérdida de visión como la «enfermedad de nuestro tiempo».[4] A lo largo de su esfuerzo misionero en la India, E. Stanley Jones reconquistó parte de la verdadera visión bíblica del reino de Dios. En sus últimos años de vida un hindú se le acercó y le espetó: «Jesús se le ha metido en la sangre, ¿no es cierto?» A lo cual respondió Jones: «Sí; y me ha subido la temperatura. Él me entusiasma. El reino de Dios y la persona del Hijo de Dios —el mensaje y el hombre— han formado una mezcla viva…y se han adueñado totalmente de mí. Se supone que a los setenta y siete años uno debe desacelerar y tomar la vida con calma. Yo lo hago así porque su yugo es fácil y su carga es ligera. Pero hago las cosas despacio porque este fuego me quema los huesos como la zarza ardiente de Moisés, la cual ardía pero no se consumía. El fuego divino no consume sino que consuma. Uno sale de él como los hebreos cautivos, sin olor a humo».[5]

Reconquistemos la visión

La iglesia de hoy se puede dividir en dos grupos según su concepción del reino de Dios. El primer grupo percibe el reino de

Dios como algo místico, invisible y celestial. Estos cristianos aseguran que Jesucristo es Señor de todo, pero que su reino no se percibe ahora en la tierra porque está reservado para el tiempo futuro, cuando él regrese. Por el contrario, el otro grupo cree que el reino de Dios marca la diferencia aquí y ahora, aunque tiende a ser dominado por activistas políticos y sociales que intentan establecer el reino de Dios en la tierra por medios y métodos humanos. Ambos puntos de vista albergan un entendimiento incompleto del reino de Dios.

Este estudio bíblico explora la gloriosa visión bíblica del reino de Dios, con la esperanza de definir y volver a prender en la iglesia de nuestra generación la misma visión que ardía en E. Stanley Jones —así como en Jesús—. La visión bíblica del reino de Dios no es una visión cualquiera. ¡Es la concepción más grande que el mundo jamás ha visto! Esta visión puede sustituir las ideologías caducas.

«Esta es la visión por la que Jesús vivió, trabajó, sufrió y murió. Y esta fue la misión que confió a sus discípulos» y a la iglesia.[6] Esta visión constituye el tema central de la Biblia. Es la «consumación de la historia —el cumplimiento del plan de Dios para su toda creación».[7] Es la visión que proporciona el «símbolo de esperanza más grandioso» de la historia de la humanidad. Una visión que proporciona al creyente un llamado y un propósito superior a él. Ciertamente, es una visión por la que merece la pena trabajar, vivir y morir.

El reino de Dios es, sin discusión alguna, el concepto más profundo, poderoso y unificador de toda la historia. En las siguientes lecciones definiremos el reino de Dios y su función como tema central de la Biblia. Examinaremos algunas de sus características claves y descubriremos que las perspectivas, prioridades y escala de valores del reino de Dios son radicalmente distintas a las de los reinos del mundo. Una comprensión bíblica del reino de Dios explica la realidad de la muerte, el mal, la injusticia y la corrupción que hay en el mundo, al tiempo que afirma la realidad de un Dios amoroso y omnipotente que entra en la historia y la transforma —primero la persona, luego la familia, la iglesia y la nación—. El reino de Dios es inconmovible.

SESIÓN 1

¿Qué es el reino de Dios?

La noción del reino de Dios es una de las más confusas, controvertidas y malentendidas de la Biblia. Algunos se han lanzado a violentas revoluciones en nombre del establecimiento del reino de Dios en la tierra. Otros han intentado elaborados planes de ingeniería social y redistribución de la riqueza en nombre del avance del reino de Dios. Muchos cristianos ignoran sencillamente este concepto, asociándolo con sectas cristianas que les parecen teológicamente heréticas. A otros les parece maravilloso. Lo conciben como el cielo o como una anticipación del retorno de Cristo, pero no tienen claro cuál sea su naturaleza o relevancia para sus vidas a este lado de la eternidad. Les resultaría difícil de explicar a los incrédulos en términos claros y concisos.

Sin embargo, es un hecho indiscutible que el reino de Dios fue el tema central de las enseñanzas de Jesús. La frase «reino de Dios» o «reino de los Cielos» aparece noventa y ocho veces en el Nuevo Testamento. De manera que, si Jesucristo es nuestro Señor, más vale que no ignoremos este tema. Debemos poner a un lado todas nuestras ideas y nociones y procurar alcanzar la comprensión bíblica del reino de Dios y su relevancia en cuanto a la manera como vivimos nuestra vida. De eso trata este estudio. ¿Qué idea era la que ardía tan intensamente en el corazón de Cristo? ¿Qué quiso inculcarnos?

Imagínese que viaja en un autobús o en un avión. Va leyendo su Biblia y una viajera sentada a su lado le pregunta si es cristiano. Usted responde que sí. Ella no lo es, pero le gustaría hacerle una pregunta. Hace poco que escuchó un programa cristiano por la radio y que el locutor hablaba del «reino de Dios». Ella no entendió lo que quiso decir, pero se le ocurre que tal vez usted se lo podría explicar. ¿Qué le respondería? En esta sesión, le ofreceremos una respuesta a esta cuestión, que no por sencilla dejará de transformar vidas.

PALABRAS CLAVES

Conozcamos la voluntad de Dios

La voluntad de Dios

En el Nuevo Testamento, la palabra griega *thelayma* se traduce por *voluntad*, dando a entender intención o deseo. Cuando la Biblia habla de la voluntad de Dios, se refiere a su intención para nosotros y casi siempre a mandamientos directos de la Escritura. El apóstol Pablo describe la voluntad de Dios como «buena, agradable y perfecta» (Rom. 12:2). En algunos casos no estamos seguros de cuál sea la voluntad de Dios en una circunstancia concreta. Por ejemplo, en Hechos 18:19-21, el apóstol Pablo menciona una visita a Éfeso, declarando al partir que regresaría para visitarlos si era la voluntad de Dios. No estaba seguro de cuál era el deseo de Dios en aquella circunstancia. Como cristianos, debemos centrarnos en obedecer la voluntad revelada de Dios en la Escritura, confiando que él guíe nuestros pasos por lo que respecta a nuestras decisiones cotidianas.

Revelación general

El verbo *revelar significa quitar el velo* o dar a conocer algo previamente oculto. La fe cristiana descansa sobre la revelación que Dios ha hecho de sí mismo. Nadie podría conocer la verdad acerca de Dios o ser capaz de relacionarse personalmente con él si Dios no se hubiera antes revelado. Revelación general es la expresión teológica que hace referencia a la revelación que Dios ha hecho de sí mismo a todas las gentes. La Biblia sostiene que todas las personas tienen un conocimiento general de Dios, así como del bien y del mal, a partir del testimonio de la creación y el discernimiento de la razón y la conciencia. (Rom. 1:19-21; 2:14-15; Sal.19:1-4). Puede que escojan suprimir este conocimiento (Rom. 1:18), pero está a disposición de todos.

Revelación especial

Revelación especial es la expresión teológica que alude a la revelación directa, sobrenatural, que Dios hace de sí a lo largo de la historia, tal como atestigua la Biblia. La Biblia es testigo de la revelación de Dios, y contiene la revelación que él hace de sí mismo a través de Israel y la plena revelación de sí en su Hijo, Jesucristo. Dios también se ha revelado en las vidas y escritos inspirados de sus profetas y apóstoles. Las Escrituras (que son «escritos») son el testimonio y la enseñanza de Dios en forma humana.

La iglesia denomina a tales escritos «Palabra de Dios» porque su autoría y contenido fueron directamente inspirados por él. Jesús consideraba las Escrituras del Antiguo Testamento como instrucciones de su Padre celestial (Mat. 4:4) que debía de obedecer, y el apóstol Pablo dijo que el Antiguo Testamento había sido inspirado por Dios (2 Tim. 3:15-17).

Mediante una revelación especial, fielmente registrada en las Escrituras, Dios revela más de lo que podríamos conocer por el testimonio de la creación, la razón y la conciencia. El libro de Éxodo, que muestra claramente el propósito redentor de Dios, es un ejemplo de revelación especial y ha servido desde entonces como marco de referencia para el pueblo de Dios. Dentro del Éxodo, un ejemplo específico de revelación especial aparece en el relato de los Diez Mandamientos. Éxodo 32:16 declara que «tanto las tablas como la escritura grabada en ellas eran obra de Dios». Finalmente, el ejemplo supremo y único de la revelación especial es la vida del propio Jesucristo. La Escritura testifica que Cristo es la representación exacta del ser de Dios (Heb. 1:3).

VERSÍCULOS CLAVES

«Venga tu reino, hágase tu voluntad...»

> Ustedes deben orar así: Padre nuestro que estás en el cielo, santificado sea tu nombre, venga tu reino, hágase tu voluntad en la tierra como en el cielo.
>
> —*Mateo 6:9-10*

1. Al comenzar esta sesión, ¿puede dar una definición del reino de Dios? Escríbala. ¿Cómo se la explicaría a alguien que nunca ha oído hablar de este concepto?

   ____

   ____

   ____

   ____

2. En Mateo 6:5-13, Jesús enseña a sus discípulos acerca de la oración y les proporciona (y a nosotros) un modelo de oración en los versículos 9-13. En esta oración se comienza reconociendo que Dios es nuestro Padre celestial, y

reverenciando su nombre. Le siguen una serie de súplicas y peticiones. ¿Cuál es la primera petición que debemos hacer? (véanse vs. 9-10). ¿Puede usted rescribir esta petición con sus propias palabras?

3. Según estos versículos, ¿dónde se cumple actualmente la voluntad de Dios? ¿Dónde más se podría cumplir?

4. ¿Cree usted que hay una conexión entre la venida del reino y el cumplimiento de la voluntad de Dios? ¿Qué podría ser?

INTUICIONES BÍBLICAS

La naturaleza del reino de Dios

¿Qué diferencia hay entre el cielo y la tierra? Es decir, ¿por qué el cielo es «celestial» y la tierra no?

En el cielo, la voluntad de Dios es completamente obedecida por todos sus habitantes. Como consecuencia de ello, el cielo es un lugar perfecto. Es la clase de sitio en la que quisiera estar la mayoría de los seres humanos. Por el contrario, la voluntad de Dios no es completamente obedecida en la tierra. La Biblia enseña que Adán y Eva escogieron romper su relación con Dios. Con esta desobediencia —conocida como la caída—

quedó interrumpida la relación entre Dios y la humanidad. El efecto resultante es que la gente se rebela contra la sabia voluntad e intención de Dios (Gén. 6:5; Rom. 3:23). Nuestras vidas, familias, sociedades, e incluso el medio ambiente, gimen por las consecuencias que acarrea esta rebelión.

En Mateo 6:9-10 se indica que hay una conexión entre el cumplimiento de la voluntad de Dios y la venida de su reino. Lo cual implica que el reino de Dios está donde se cumple su voluntad. Esta sería una definición concisa del reino de Dios. Su reino existe dondequiera que se cumple su voluntad.

¿En qué se parece su definición a ésta? Se puede ahondar en esta definición del reino de Dios respondiendo otras tres preguntas; (1) ¿Qué es un reino? (2) ¿Qué es la voluntad de Dios? Y (3) ¿dónde tiene que cumplirse la voluntad de Dios?

¿Qué es un reino?

Todo reino consta de cuatro componentes universales: (1) un rey que reina; (2) unos súbditos o ciudadanos sobre los cuales reina; (3) unas leyes y un gobierno que las administra y (4), un dominio o territorio sobre el cual ejerce su potestad.

El reino de Dios no carece de estos componentes. Dios es el soberano y Cristo es el Rey (Sal. 2:4-9; Apo. 19:11-16). Los ángeles y todos los que aceptan el reinado de Jesús mediante el arrepentimiento, la fe y la obediencia a la voluntad de Dios son sus súbditos. La voluntad de Dios —sus leyes y ordenanzas reveladas— constituye el corpus de gobierno mediante el cual el reino es administrado. El ámbito del reino de Dios abarca todo elemento creado que se somete a la voluntad de Dios.

¿Qué es la voluntad de Dios?

Como su propia persona, la voluntad de un Dios infinito es irreconocible por mentes humanas finitas, a no ser que él decida revelarla. Agradecemos a Dios que se haya dado a conocer a nosotros y nos haya revelado una porción de su voluntad perfectamente sabia y amable para con los seres humanos —la porción necesaria para prosperar en la tierra.

La voluntad de Dios para la humanidad ha sido revelada en distintos niveles. En primer lugar, Dios se ha revelado a través del testimonio de la creación y las facultades de la conciencia y la razón. Mediante esta revelación —que está a disposición de todas las personas— y es conocida en términos teológicos como «revelación general», obtenemos una evidencia de la existencia de Dios, así como del bien y del mal (Rom. 1:20; 2:14-15).

En segundo lugar, Dios se ha revelado sobrenaturalmente a sí mismo mostrándonos su voluntad en la historia, tal como lo atestiguan las Sagradas Escrituras. Esta revelación, conocida en términos teológicos como «revelación especial», incluye su manifestación a través del pueblo de Israel. De la misma manera ocurre con la revelación dada a través de las vidas y los escritos inspirados de sus profetas y apóstoles. Finalmente tenemos la revelación de Jesucristo. Jesús mismo es el ejemplo supremo de la revelación especial. Mirando a Cristo obtenemos una revelación por ilustración —la voluntad de Dios demostrada a través de su aplicación intachable (Col. 1:15; Heb. 1:3). Cristo cumplió perfectamente la voluntad de su Padre (Juan 14:31). A veces se le llama «Palabra viva» (Juan 1:1-14), inspirada divinamente por Dios (2 Tim. 3:16-17), palabra de Dios, o sea la Biblia, que da testimonio de la revelación de Dios e incluye su plena revelación en la persona de Jesús.

En tercer lugar contamos con el testimonio permanente del Espíritu Santo, por cuanto habla a nuestro corazón, nos enseña y nos convence de lo que es la voluntad de Dios (Juan 14:26). Dios ha provisto de múltiples formas para que le conozcamos y sepamos su intención para con nosotros. Por la manera como Dios se ha dado a conocer a nosotros, podemos saber cómo relacionarnos debidamente con él, con otras personas, con el ámbito espiritual y con el resto de la creación. La Biblia contiene ejemplos, principios e instrucciones —muchos de ellos concretos— para distinguir cómo se aplica a nosotros la perfecta voluntad de Dios. En esta forma nos ha concedido su sabiduría para saber como vivir.

¿Dónde debe cumplirse la voluntad de Dios?

La respuesta a esta pregunta se encuentra en los versículos claves para esta sesión, Mateo 6:9-10. El deseo de Dios es que su voluntad y sus leyes sean obedecidas a todos los niveles en la tierra —ahora— como lo son en el cielo. Dios desea esto porque nos ama y quiere lo mejor para nuestra vida.

Imagínese lo que sucedería si la voluntad de Dios fuera cumplida en la tierra como lo es en el cielo. ¿Qué sucedería si obedeciéramos todo el plan de Dios en las áreas de santidad personal, integridad, cuidado de nuestro cuerpo y relaciones interpersonales? ¿Qué sucedería si todos los miembros de una familia obedecieran la voluntad de Dios en sus relaciones mutuas? ¿Qué sucedería en las iglesias si todos los líderes y miembros se amaran verdaderamente, se sirvieran los unos a los otros, abogaran por los débiles y vivieran en unidad? ¿Qué sucedería si los dirigentes de la comunidad trabajaran por el bien común con honestidad e integridad? ¿Qué sucedería si no hubiera corrupción en una nación? ¿Si hubiera verdadera justicia?

Por todo esto nos mandó a orar Jesús. Hemos de pedir que se cumpla la voluntad de Dios en la tierra como se cumple en el cielo. ¿Qué sucedería si el pueblo de Dios no sólo orara, sino que *obedeciera*?

Dios responde diciendo: «Si mi pueblo, que lleva mi nombre, se humilla y ora, y me busca, y abandona su mala conducta, yo lo escucharé desde el cielo, perdonaré su pecado y restauraré su tierra» (2 Cró. 7:14).

Dios promete sanar la tierra si su pueblo busca su rostro —si oye y obedece su voluntad—. La sanidad de la tierra y la venida de la paz de Dios a nuestras comunidades y naciones están directamente relacionadas con el cumplimiento de su voluntad. El reino de Dios refleja su plan original para la tierra y todos sus habitantes. La pecaminosidad humana interrumpió ese plan pero el propósito de Dios es que su reino sea restablecido. Mientras tanto, Dios llama a su pueblo a ser una expresión presente de ese reino futuro de Cristo el Rey. ¿Cómo? Procurando entender y obedecer su voluntad y enseñando a otros que hagan lo mismo.

Podemos llevar esto a un plano personal diciendo: «En la medida en que obedezco la voluntad de Dios, su reino viene a mi vida. En la medida en que la voluntad de Dios es hecha en la vida de mi familia e iglesia, su reino viene a mi familia e iglesia. En la medida en que la voluntad de Dios se cumple en mi comunidad y nación, su reino vendrá a éstas, y mi comunidad y nación serán restauradas». ¡Esta es la gran visión del reino de Dios!

Padre, que venga tu reino. Que se cumpla tu voluntad.

PREGUNTAS DE DESCUBRIMIENTO

El reino en las Sagradas Escrituras

El reino de Dios es el tema central de la Biblia. De hecho, las frases «reino de Dios» o «reino de los cielos» aparecen casi cien veces en el Nuevo Testamento. Los labios de Jesús las pronunciaron más de sesenta veces. Al contrario, Jesús usa la palabra *iglesia* sólo dos veces. Cuando ministraba, Jesús hablaba apasionadamente acerca del reino de Dios.

Veamos algunas de las cosas que decía Jesús acerca del reino de Dios. ¿Qué puede aprender de Jesús acerca del reino de Dios (reino de los cielos)?

1. Mateo 4:17, 23

2. Mateo 6:33

3. Lucas 4:43

4. Hechos 1:3

El reino de Dios fue el tema central de las enseñanzas de Jesús. También fue importante para el apóstol Pablo, el principal plantador de iglesias del Nuevo Testamento. ¿Qué puede aprender del apóstol Pablo acerca del reino de Dios (reino de los cielos)?

5. Hechos 19:8

6. Hechos 28:23, 30-31

7. Romanos 14:17

8. 1 Corintios 4:20

____

____

Si el reino de Dios fue tan importante para Jesús y para el apóstol Pablo, obviamente debe ser importante para nuestra vida hoy. ¿Refleja su vida el mismo interés y pasión por el reino de Dios?

PUNTOS PARA RECORDAR

El reino de Dios — repaso

1. En el reino de Dios, él es el soberano, y Jesús es el Rey. Los ángeles y aquellos que se someten a su voluntad son sus súbditos. Las leyes y ordenanzas reveladas por Dios constituyen la base del gobierno mediante el cual el reino es administrado. El ámbito es todo elemento de la creación sometida a su voluntad.
2. La voluntad de Dios ha sido revelada a la humanidad en distintos niveles: (1) a través de una revelación general, o del conocimiento de Dios, disponible para todas las gentes mediante el testimonio de la creación y de su propia razón y conciencia; (2) a través de una revelación especial, o revelación sobrenatural que Dios hace de sí mismo y de su voluntad, como atestigua la Biblia, incluida la plena revelación de sí mismo en su Hijo, Jesucristo, la Palabra viva; y (3) a través del testimonio continuo del Espíritu Santo.
3. El plan de Dios es que se cumpla su voluntad en todos los niveles, en la tierra, lo mismo que se cumple en el cielo.
4. El reino de Dios fue un tema central de las enseñanzas de Jesús y del apóstol Pablo.

PENSAMIENTOS FINALES

Un reino para hoy

El reino de Dios fue la pasión principal de Jesús. A Pablo le movió esta misma pasión en su inspirada enseñanza a la iglesia primitiva. Y como esa iglesia es nuestro modelo, el reino de Dios es importante para los creyentes de hoy.

Gentes de toda edad, sexo, nacionalidad y credo buscan una causa —una visión a la cual deben dedicar sus vidas. No hay visión más digna que el reino de Dios.

Tanto Jesús como Pablo vivieron para ella y entregaron su vida por ver el plan glorioso de Dios realizado en la tierra como lo es en el cielo.

Nosotros también podemos ser usados por Dios para extender su reino.

APLICACIÓN PERSONAL

¿Cómo sería si...?

La voluntad de Dios debe ser obedecida en la tierra a todos los niveles —aquí y ahora— como lo es en el cielo. Por ser nuestro creador amoroso, él sabe cómo deben funcionar nuestras vidas, familias, iglesias y comunidades. ¿Qué cambiaría si la voluntad de Dios se cumpliera más plenamente en las siguientes áreas?

1. Medite en la voluntad de Dios para su vida tal como ha sido revelada en la Biblia. ¿Cómo cambiaría su vida si usted obedeciera plenamente su voluntad? Considere su relación con Dios, su cuerpo (de usted), su trabajo, y otras personas,

entre ellas sus amigos, vecinos, colaboradores e incluso sus enemigos.

2. ¿Cómo cambiaría la vida de su familia (ya sea la familia en la que usted se crió o su familia actual) si la voluntad de Dios se obedeciera plenamente? Considere las relaciones entre marido y mujer, padres e hijos.

3. ¿Cómo cambiaría su iglesia si la voluntad de Dios se obedeciera más plenamente? Piense en las relaciones entre sus miembros, la visión y el propósito de la congregación y del liderazgo.

4. Considere la voluntad de Dios para las autoridades y los ciudadanos. ¿Cómo cambiaría su ciudad o comunidad si la voluntad de Dios se obedeciera más plenamente? Piense en el gobierno de su ciudad y también en el sistema legislativo

y educativo. Imagine las relaciones entre los líderes de la comunidad y los ciudadanos. ¿Cómo sería su ciudad o comunidad si Jesús fuera el alcalde?

¿Es realmente posible que se cumpla la voluntad de Dios en la tierra? Repase las cuatro posibilidades imaginadas anteriormente para responder las siguientes preguntas.

5. Cree que es posible instaurar el reino de Dios en estas áreas? ¿Por qué sí, o por qué no?

6. ¿Qué obstáculos hay para instaurar el reino de Dios en estas áreas?

7. ¿Cómo podrían ser eliminados estos obstáculos?

8. Qué podría Dios estar pidiéndole para instaurar su reino más plenamente en su vida? Mencione un área y ore al respecto.

UNA RESPUESTA PRÁCTICA

Observemos el «reino de Dios»

¿Cómo se ha establecido el reino de Dios en su cultura y su comunidad? Busque esta semana algunos aspectos en los cuales el reino de Dios ya esté funcionando. ¿Qué cosas buenas están sucediendo que reflejen los principios del reino y la obra de Dios?

Cuando usted vea el reino de Dios operando, escriba en un cuaderno o en un trozo de papel: «Veo el reino de Dios operar a través de...» y luego describa brevemente sus observaciones. Las observaciones deben reflejar una acción concreta. Exponga esas observaciones en la próxima reunión. Si realiza esta actividad solo, comparta sus notas con un amigo. Comente lo que le estimula cuando observa el reino de Dios en acción. ¿Qué conclusiones puede sacar acerca del reino de Dios en su cultura y comunidad?

Próxima sesión: *El reino de Dios es «global»*

SESIÓN 2

El plan global

El autor y profesor cristiano Os Guiness cuenta la fascinante historia de su tatarabuela, quien estuvo en cierta ocasión a punto de suicidarse. Se llamaba Jane Lucrecia D'Esterre y el hecho ocurrió en el año de 1815 cuando tenía dieciocho años y vivía en Escocia. Era joven, talentosa y hermosa, pero su esposo había muerto en un duelo, por lo que quedó sola, empobrecida y con la obligación de criar dos niños. En estas circunstancias son comprensibles los sombríos pensamientos de Jane cuando se encontró apoyada en el pretil de un puente, contemplando las frías aguas del caudaloso río.

Cuando Jane se disponía a lanzarse, levantó momentáneamente los ojos y vio a un granjero labrando la tierra. Parecía tener la misma edad que ella y estaba concentrado en su labor. Aquel joven iba trazando meticulosa y concienzudamente los surcos que semejaban trazos excelentemente ejecutados en un óleo por un gran artista de la pintura. Aunque a cierta distancia, ella entendió que aquel labrador cantaba himnos cristianos.

A pesar de sus aflicciones, Jane quedó profundamente maravillada y presa de un gran sentido de admiración. Luego, poco a poco, la admiración se trocó en reproche. ¿Qué estaba haciendo ella en aquel puente, presa de autocompasión? ¿Cómo podía estar tan ensimismada cuando tenía dos niños pequeños que la necesitaban? Entonces resolvió volver a su hogar y así, fue rescatada de la muerte por la simple contemplación del trabajo bien hecho de aquel joven.[1]

Aunque no se sabe nada más de aquel hombre, lo más probable es que fuera un campesino cristiano que procuraba vivir su vida —y su trabajo manual de labrador— para la gloria de Dios y para su reino. El simple hecho de ser testigo de su devoción a Dios, manifestada en la excelente forma como labraba la tierra, fue suficiente para inyectar nuevos ánimos en Jane y ahuyentar su desesperanza. En esta sesión entenderá usted que el reino de Dios no es un ámbito espiritual reducido sino una realidad global que acarrea una sanidad sustancial en todos los aspectos de la vida y en todo espacio de la creación.

PALABRAS CLAVES

¿Cuán grande es el reino?

La palabra global se aplica a algo vasto, incluyente, extenso y completo.

Redimir, (redención, redentor)

Redimir significa salvar o rescatar de la cautividad o la esclavitud. Significa también volver a comprar o adquirir. Por ejemplo, en el caso de un secuestro, se podría pagar una suma de dinero (rescate) a los secuestradores para redimir a la persona secuestrada. *Redimir* en la Biblia alude a la obra de Dios a través de Cristo para liberar la creación de la atadura y el castigo del pecado.

Santificar

Santificar algo es apartarlo para un uso sagrado, o para hacerlo santo. El término teológico *santificación* alude al proceso de crecer en santidad y perfección para reflejar la imagen de Cristo. Este proceso es una obra sobrenatural llevada a cabo por el Espíritu Santo en la vida del creyente, aunque también exige que éste aplique la verdad de Dios a su vida.

Secular

Este término se aplica a las cosas que son «mundanas» o «de este mundo» y están separadas del ámbito espiritual. Aunque la Biblia distingue entre el ámbito físico y el espiritual, rechaza la noción de que las cosas sean «seculares». Aun las cosas materiales tienen una causa última y una continua conexión con el ámbito espiritual (Heb. 11:3; Col. 1:16-17).

Sustancial

En este contexto, la palabra «sustancial» se aplica a algo que está casi acabado, pero aún incompleto. Por ejemplo, el relato del testigo ocular de un suceso puede ser sustancialmente verdadero o preciso, es decir, verdadero y completo en su mayor parte, aunque quizá pasara por alto algunos detalles. El reino de Dios proporciona ahora sanidad sustancial a cosas que quedaron dañadas en la «caída». Esto significa una sanidad real e importante, aunque sea parcial y todavía incompleta. No concluirá hasta cuando Jesús regrese y su reino sea plenamente establecido.

Visión

El término *visión* se aplica a un estado futuro que ha de contemplarse con los ojos de la fe antes de que se haga realidad. El concepto bíblico del reino de Dios proporciona una visión o imagen mental de lo que podría ser el mundo si fuera completamente sanado de las consecuencias del mal.

VERSÍCULOS CLAVES

La supremacía del Rey

> Él es la imagen del Dios invisible, el primogénito de toda la creación, porque por medio de él fueron creadas todas las cosas en el cielo y en la tierra, visibles e invisibles, sean tronos, poderes, principados o autoridades: todo ha sido creado por medio de él y para él. Él es anterior a todas las cosas, las cuales forman por medio de él un todo coherente. Él es la cabeza del cuerpo, que es la iglesia. Él es el principio, el primogénito de la resurrección, para ser en todo el primero.
>
> —*Colosenses 1:15-18*

1. ¿Cómo describe este pasaje a Jesús?

2. ¿Cuál fue la función de Jesús en la creación? ¿Qué hizo? ¿Qué sugiere esto acerca de su autoridad?

3. ¿Puede la creación mantener una existencia separada de Dios? ¿Por qué, o por qué no?

4. ¿Cuál es la función de Cristo en la iglesia?

5. ¿Sobre qué ejerce supremacía el Rey Jesús? ¿Qué significa esto?

INTUICIONES BÍBLICAS

El reino alcanza todas las cosas

La mayor debilidad de la iglesia en esta generación es quizá la estrechez de su visión y la tendencia a dividir la realidad en dos categorías: espiritual y secular. Para muchos cristianos, el reino de Dios —si se logra entender— se ve desde una estrecha perspectiva personal y espiritual. Por eso se oye decir: «Pasé a ser hijo del reino cuando acepté a Jesús como mi salvador». Esto es cierto, por supuesto (Juan 3:3), pero cabe decir más acerca del reino de Dios.

La venida del reino de Dios es una imagen bíblica primordial que describe la actividad redentora de Dios a través de la historia. Cuando Adán y Eva dieron la espalda a Dios en el jardín del Edén, las consecuencias de su rebelión fueron trascendentales, globales y devastadoras. Al menos cuatro relaciones fundamentales quedaron rotas en la caída. Primero quedó interrumpida su íntima relación con Dios. Esta fue la principal relación para la que fueron creados, la más importante de su vida. Cuando se rompió esta relación, las otras también se quebraron. Entre ellas, la relación consigo mismos, uno con el otro, y con el resto de la creación.

Las consecuencias de esta vasta quiebra han infestado a la humanidad desde entonces. Guerras, inquinas, violencia, destrucción medioambiental, injusticia, corrupción, idolatría, pobreza y hambruna, todas surgieron del pecado original. De modo que cuando Dios decidió redimir su creación de los efectos de esta rebelión, su plan redentor no podía ser estrecho. Antes bien, incluyó todo lo que se había roto en la caída, incluidas todas esas relaciones. La obra redentora de Dios es comprehensiva por cuanto incluye todas las cosas.

El reino llega

El reino de Dios prometido en el Antiguo Testamento (Dan. 4:34-35; Isa. 9:6-7) llegó con Jesucristo, el redentor del mundo. El apóstol Pablo describe el alcance de la obra redentora de Jesucristo en Colosenses 1:19-20: «Porque a Dios le agradó habitar en él con toda su plenitud y, por medio de él, reconciliar consigo todas las cosas, tanto las que están en la tierra como las que están en el cielo, haciendo la paz mediante la sangre que derramó en la cruz».

¿Por qué murió Jesús en la cruz? Muchos miembros de iglesia responderían: «Murió para salvarme del pecado y adquirir mi salvación». Esto es cierto, pero el pasaje de Colosenses asegura que él vino para redimir *todas* las cosas. Para enfatizar aún más este punto Pablo añadió: «tanto las que están en la tierra como las que están en el cielo».

La venida del reino de Dios a la tierra representa «una transformación total, universal, que impacta todas las cosas. Es una contemplación de todo el cosmos purificada de maldad y llena de la gloria de Dios»,[2] escribe Leonardo Boff. Con la irrupción de Jesús, el sacrificio de su muerte en la cruz, y su triunfante resurrección, el reino de Dios se hizo una realidad presente. Al mismo tiempo, no obstante, es una realidad futura en su plenitud. En un sentido el reino de Dios ya ha venido, pero en otro sentido más pleno está aún por venir (Luc. 11:20; 16:16; 22:16). Dado que el reino ha venido ya, los cristianos pueden disfrutar hoy de sus beneficios. Por ejemplo, recibimos salvación del pecado, una comunión renovada con Dios y una sanidad sustancial en nosotros mismos, en la relación con los otros y con el medio ambiente. Sin embargo, una sanidad completa y total no se producirá hasta el futuro regreso de Cristo (Apo. 21:1-5).

Nuestra tarea como iglesia que se halla en este «tiempo intermedio» consiste en extender las bendiciones del reino de Dios por toda la creación. En palabras de Francis Schaeffer, «... deberíamos trabajar sobre la base de la obra acabada de Cristo... por una sanidad sustancial, presente, en toda área en que haya división por causa de la caída».

No hemos de sostener el punto de vista común de muchos cristianos contemporáneos de que el reino de Dios es sólo una «realidad espiritual» o sólo una «realidad futura», sino más bien, hemos de creer que la sanidad sustancial puede ser una realidad aquí y ahora, en todas las áreas, sobre la base de la obra acabada de Cristo. Esta sanidad no será perfecta o completa antes del retorno de Cristo, no obstante, puede ser real, evidente y sustancial.

El Señor de todas las cosas

Puesto que Jesús es Señor de todas las cosas, su reino lo abarca todo. Santifica incluso las cosas comunes que tenemos por «no espirituales» o terrenales. Por ejemplo, el apóstol Pablo dijo:

«Ya sea que coman o beban o hagan cualquier cosa, háganlo todo para la gloria de Dios» (1 Cor. 10:31). Incluso acciones como comer y beber deben de hacerse a la luz del reino de Dios y para su gloria.

¿Puede haber algo más terrenal que las ollas de cocina? Sin embargo, la Biblia exclama:

> En aquel día los cascabeles de los caballos llevarán esta inscripción: CONSAGRADO AL SEÑOR. Las ollas de cocina del templo del SEÑOR serán como los tazones sagrados que están frente al altar de sacrificio. Toda olla de Jerusalén y de Judá será consagrada al Señor Todopoderoso, y todo el que vaya a sacrificar tomará algunas de esas ollas y cocinará en ellas. En aquel día no habrá más mercaderes en el templo del SEÑOR Todopoderoso».
>
> —*Zacarías 14:20-21*

En este pasaje el profeta Zacarías describe la vida después del retorno de Jesús, cuando su reino se manifieste plenamente. En ese día, hasta las humildes ollas de cocina y los cascabeles de los caballos llevarán la inscripción de CONSAGRADO AL SEÑOR. Puesto que el reino de Dios es global, da sentido a cosas que el mundo considera absurdas e insignificantes. Este es un concepto radical para muchos creyentes actuales que tienden a categorizar las cosas como «espirituales» o «seculares». La categoría espiritual incluye cosas como la oración, el estudio bíblico, la asistencia a la iglesia, y profesiones a «tiempo completo en el servicio cristiano». Casi todas las demás cosas entran en la categoría secular. ¡Pero el reino de Dios lo abarca todo! No hay en él una categoría espiritual y otra secular. Incluso las cosas cotidianas son «consagradas al Señor».

El entendimiento de esta verdad proporciona un nuevo sentido de propósito y dinamismo a nuestra vida. Incluso las labores sencillas y manuales cobran una importancia y dignidad nuevas. La vida ya no estará dividida en actividades «espirituales» y «no espirituales». Sino que inyectaremos la verdad de Dios en cada área de la vida. Todo lo que hagamos, ya sea de palabra o de obra, procuraremos hacerlo «en el nombre del Señor Jesús, dando gracias a Dios el Padre por medio de él» (Col. 3:17). Los reformadores europeos del siglo XVI solían recurrir a una sencilla frase latina para expresar esta importante verdad. La expresión *«coram Deo»* significa «en presencia de la faz de Dios». Para cada uno de los cristianos de aquella generación, toda la vida— cada momento y tarea— se vivía ante el rostro de Dios, bajo su autoridad y para su gloria.

Ellos comprendieron que la muerte de Cristo en la cruz se llevó a efecto para la redención de todas las cosas. Entendieron que Dios quería toda su devoción, ya fuera dándole culto en la iglesia, cocinando una comida, cultivando los campos, ejerciendo el derecho, predicando el evangelio o alimentando al hambriento.

Una mujer que sostuvo este punto de vista se mandó hacer una placa para colgar en la cocina que rezaba: «Aquí se celebran cultos de adoración tres veces al día». Ella comprendió que preparar comidas, si se hace a la luz del reino de Dios, se convierte en un importante acto de adoración.

Ella no sólo era cristiana cuando asistía a la iglesia, o mientras estudiaba la Biblia, sino que vivió *«coram Deo»* y su vida estuvo impregnada por una visión del reino de Dios. Del mismo modo, cuando su marido echaba la semilla en el campo, él estaba ante la faz de Dios y se preguntaba: *¿Cómo puedo glorificar a Dios en tanto siembro hoy la tierra? Éste campo es de Dios. ¡Quiero hacerlo generosamente para él!* ¿Tiene usted este entendimiento amplio del reino de Dios?

PREGUNTAS DE DESCUBRIMIENTO

El alcance del reino de Dios

Los siguientes pasajes del Nuevo Testamento ilustran el alcance del reino de Dios.

Un examen de estos pasajes puede ayudarle a aumentar su entendimiento del reino.

1. Lea Colosenses 1:15-20. ¿Cuántas veces aparece la palabra todo en estos versículos?

2. En sus propias palabras, ¿Cómo se relaciona Cristo con «todas las cosas»?

3. Colosenses 1:15-20 y Hebreos 1:1-3; 2:6-9 comunican un mensaje parecido acerca del reino de Dios. Escriba las ideas o declaraciones parecidas que contienen estos dos pasajes. ¿Qué afirman acerca de Cristo?

4. Lea Hebreos 2:6-9 y Mateo 28:18. ¿Qué está actualmente bajo la autoridad de Cristo y a él sometido? ¿*Parece* estar todo sujeto a la autoridad de Cristo? Explique su respuesta.

Lea Romanos 8:18-22 para responder a las siguientes preguntas.

5. En este pasaje, Pablo menciona cuatro veces algo que está en espera de redención. ¿De qué se trata? ¿Qué revela esto acerca del ámbito de aplicación del plan redentor de Dios?

6. En el pasado, ¿qué le sucedió a la creación?

7. ¿Cómo se describe el estado presente de la creación?

8. ¿Cuál es la esperanza futura de la creación? ¿Cómo se describe?

9. ¿Quiénes son los «hijos de Dios» a que se hace referencia en los versículos 19 y 21? ¿Qué le sucederá a la creación cuando ellos sean revelados? ¿Cómo cree que acontecerá esto?

PUNTOS PARA RECORDAR

El reino — repaso

1. En la Biblia, la imagen o símbolo dominante para designar el propósito redentor de Dios es el reino de Dios.
2. La venida del reino de Dios a la tierra representa una transformación total, global.
3. El reino de Dios se hizo una realidad presente en la vida y obra de Jesús, con todo, no será plenamente realizado hasta el retorno de Cristo.
4. La tarea de la iglesia consiste en extender las bendiciones del reino de Dios a toda la creación. Se puede observar una sanidad sustancial en todos los lugares afectados por la caída.
5. En el reino de Dios no hay distinción entre lo espiritual y lo secular. Cada momento y cada tarea es vivida delante de la faz de Dios, bajo su autoridad y para su gloria.

PENSAMIENTOS FINALES

Dios es agricultor

Entender que el reino de Dios es una realidad global es una verdad liberadora y vigorizante. ¡La iglesia necesita sobremanera volver a esta verdad en esta generación!

En el pequeño pueblo de Huarina, Bolivia, la mayor parte de sus vecinos pertenecen a familias de agricultores empobrecidos. En la sociedad boliviana, como en gran parte del mundo, los líderes religiosos ocupan una posición social alta, mientras que los campesinos son escasamente respetados. Los relatos de la cultura boliviana, como los de muchas sociedades, refuerzan la noción de que la gente que trabaja la tierra tiene poco valor social. En una pequeña iglesia del pueblo, un predicador visitante dio un mensaje basado en Gén. 2:8. Abrió la Biblia y leyó:

«Dios el SEÑOR plantó un jardín al oriente del Edén». Volvió a leer: «Dios el SEÑOR plantó un jardín». Luego hizo una pausa para dejar que esta sencilla frase fuera bien entendida en la audiencia: ¡Dios fue agricultor porque plantó un jardín! Tan pronto como esta realidad se abrió paso, los rostros tristes de los campesinos se levantaron y comenzaron a brillar. Ellos eran campesinos ciertamente, pero… ¿quién era también agricultor? El Rey del reino fue agricultor. Así la dignidad de los campesinos quedó restaurada.

APLICACIÓN PERSONAL

Hágalo todo para la gloria de Dios

Puesto que Jesús es Señor de todo lo que existe, su reino abarca todas las cosas. Incluso las cosas insignificantes o terrenales que pensamos que «no son espirituales». Use las preguntas que siguen para meditar en su propia vida y ver cómo puede «hacer todo para la gloria de Dios» (Col. 10:31).

1. Por causa de la *caída* se quebraron al menos cuatro relaciones humanas fundamentales: la relación con Dios, con nosotros mismos, con los vecinos (otras personas), y con el resto de la creación. ¿Qué consecuencias encuentra en su vida, en su familia, en su vecindad y en su comunidad?

____

____

____

____

____

____

2. A medida que se acerca el reino de Dios, hay esperanza para una sanidad sustancial en toda área donde haya divisiones

por causa de la caída. Considere las cuatro relaciones principales que quedaron afectadas por la caída. ¿De qué maneras ha visto el reino de Dios impactar esas áreas y producir una sanidad sustancial en su vida, su familia, su vecindad y su comunidad? Tómese el tiempo necesario para dar las gracias a Dios por su poder sanador.

3. Piense en las distintas áreas de su vida (por ejemplo, su trabajo, su vida familiar, su tiempo de ocio y su tiempo en la iglesia, de oración o de estudio bíblico, etc.) ¿Tiende a dividir estas áreas en «espirituales» y «no espirituales»? En caso afirmativo, céntrese en esas situaciones o actividades que tiende a considerar como «no espirituales». ¿Cómo podría verse afectada su conducta en estas áreas si las tuviera por espirituales e hiciera todas las cosas en el nombre de Jesús?»

UNA RESPUESTA PRÁCTICA

«Todo lo que haga...»

Escoja un día de la próxima semana para escribir en un diario o cuaderno todo lo que haga durante ese día. A la izquierda de la página ponga las horas del día a partir de la hora en que se despertó. Su diario deberá incluir todo lo que hizo durante esa hora. Por ejemplo:

6:00-7:00	Me desperté y me duché
	Desayuné
	Leí la Biblia y oré
7:00-8:00	Me dirigí hacia el trabajo
	etc.

Al término del día, repase las cosas que hizo durante la jornada (cada punto de la lista) e indique si normalmente considera tales actividades «espirituales» o «no espirituales». Si no está seguro, ponga «no estoy seguro», Por ejemplo:

6:00-7:00	Me desperté y me duché (no espiritual)
	Desayuné (no estoy seguro)
	Leí la Biblia y oré (espiritual)
7:00-8:00	Me dirigí hacia el trabajo (no espiritual)
	etc.

Vuelva ahora a la lista y subraye todo lo que haya marcado como «no espiritual» o «no estoy seguro» y responda estas dos preguntas: (1) ¿Qué dice la Palabra de Dios acerca de esta actividad? Anótelo junto con las referencias bíblicas. (2) ¿Podría yo realizar esta actividad de manera que glorificara a Dios? Si es así, ¿cómo? Escríbalo inmediatamente.

A primera vista, esto puede parecer un poco difícil porque tendemos a pensar que muchas cosas son demasiado terrenales para incluirlas en la categoría espiritual. Si tiene este sentir, recuerde la amonestación del apóstol Pablo cuando dijo: «Y todo lo que hagan, de palabra o de obra, háganlo en nombre del Señor Jesús, dando gracias a Dios el Padre por medio de él» (Col. 3:17) y «ya sea que coman o beban o hagan cualquier otra cosa, háganlo todo para la gloria de Dios» (1 Cor. 10:31). He aquí un ejemplo. Quizá lea usted el periódico cada mañana mientras desayuna y considere que esta actividad no es «espiritual». Pero ¿cómo puede usted leer el periódico de una manera que glorifique a Dios? No es una pregunta baladí. Tal vez pueda orar mientras lo lee —y presentar a Dios las necesidades del mundo. Puede que una noticia trate de la corrupción del gobierno. En vez de leer superficialmente, tómese el tiempo necesario para reflexionar lo que dice la Biblia acerca de la corrupción y de sus causas. Compárelo con lo que dice el autor del artículo. Intente mirar las cosas más prosaicas de su vida desde una perspectiva diferente —desde la perspectiva del reino de Dios— y ¡prepárese para una revolución de su mente!

Próxima sesión: *La perspectiva correcta del reino*

SESIÓN 3

Un punto de vista correcto

En el siglo segundo, una devastadora epidemia de viruela asoló el imperio romano. Fue tan grave que en quince años murió entre un cuarto y un tercio de la población del imperio, incluido el famoso emperador Marco Aurelio. Según Dionisio, obispo de Alejandría, la reacción típica de la gente ante la enfermedad fue la huida. «Con el primer brote de la enfermedad, los romanos no creyentes dejaban de lado a los enfermos y huían abandonando a sus seres queridos al borde de los caminos, antes incluso de producirse su muerte. Trataban a los cuerpos no sepultados como basura». Incluso Galeno, un médico famoso, abandonó la ciudad de Roma precipitadamente para huir a su país natal hasta cuando el peligro se alejara.

Como un testimonio contrario, el mismo Dionisio escribió: «… la mayor parte de nuestros hermanos cristianos mostraban un amor y una lealtad desbordantes; se entregaban sin reserva a ayudar a los menesterosos y sólo pensaban en los demás. Haciendo caso omiso al peligro se ocupaban de los enfermos, atendían a sus necesidades y les ministraban en el nombre de Cristo...atrayendo sobre sí mismos la enfermedad y aceptando de buena gana sus aflicciones. Muchos de los que cuidaban y atendían a los enfermos se contagiaron y dieron su vida por ellos».[1]

¿Por qué razón los primeros cristianos obraron en forma tan distinta de los incrédulos? ¿Qué les movía a cuidar sacrificadamente de los enfermos —incluso de los que no eran parientes suyos— sabiendo que podían contagiarse y morir? Porque actuaron desde una perspectiva opuesta a la de la cultura romana siguiendo los valores del reino de Dios. Obedecieron las enseñanzas fundamentales de Jesús cuando dijo: «En todo traten ustedes a los demás tal y cómo quieren que ellos los traten a ustedes. (Mat. 7:12), y «Hay más dicha en dar que en recibir» (Hech. 20:35).

En esta sesión descubriremos que el reino de Dios representa un punto de vista opuesto al del mundo. Invierte la perspectiva del mundo —o más bien, la pone al derecho—. En resumen, el Reino de Dios pone las cosas en orden, como las planeó Dios originalmente.

PALABRAS CLAVES

¿Cuál es su punto de vista?

Bendecir (bendecido)

Esta palabra aparece más de treinta veces en los Evangelios. En su más amplia acepción, *ser bendecido* significa estar feliz o gozoso. En la Biblia, para ser un individuo realmente *bendecido* uno debe confiar en Dios, temerle y amarle.

Valor (escala de valores)

En este contexto, la palabra *valor* significa la estima que uno pone en una cosa, acción, actitud o creencia. Valorar algo significa tenerla en gran estima. La escala de valores de una persona es la clasificación que ella hace del valor de las cosas, acciones, actitudes y creencias.

Las culturas y las comunidades suelen compartir una escala común de valores.

VERSÍCULOS CLAVES

Preparemos el camino del Señor

> El sumo sacerdocio lo ejercían Anás y Caifás, en aquel entonces la palabra de Dios llegó a Juan, hijo de Zacarías, en el desierto. Juan recorría toda la región del Jordán predicando el bautismo del arrepentimiento para el perdón de pecados. Así está escrito en el libro del profeta Isaías:
>
> «Voz de uno que grita en el desierto: preparen el camino del Señor, háganle sendas derechas. Todo valle será rellenado, toda montaña y colina será allanada. Los caminos torcidos se enderezarán, las sendas escabrosas quedarán llanas. Y todo mortal verá la salvación de Dios».
>
> —*Lucas 3:2-6*

1. Dios envió a Juan el Bautista a anunciar la venida de Jesús y a «prepararle el camino. Juan proclamó que sucederían varias cosas cuando llegara el Señor. ¿Qué cosas fueron esas?

____

____

____

____

2. Al citar el texto de Isaías 40:3-5, Juan ilustró el impacto de la próxima venida del reino de Dios. ¿Cómo sería el reino de Dios?

INTUICIONES BÍBLICAS

Las rectas enseñanzas de Jesús

Juan el Bautista anduvo por las regiones desérticas limítrofes con el río Jordán, predicando el bautismo de arrepentimiento para el perdón de los pecados y citando al profeta Isaías. El pasaje de la sección *versículos claves* ilustra los tremendos cambios que el Mesías iba a introducir. Nada seguiría siendo igual. Note la profunda transformación que se describe en esta imagen literaria: «Todo valle será rellenado, toda montaña y colina será allanada. Los caminos torcidos se enderezarán, las sendas escabrosas quedarán llanas» (Luc. 3:5).

Para comprender el mensaje de Juan el Bautista debemos recordar que el pecado había desfigurado el mundo. *La caída* destruyó el orden original de la creación de Dios. No obstante, el Mesías comenzaría a restablecer el orden perfecto. Él tomaría el mundo, trastornado por culpa del pecado y lo pondría otra vez al derecho.

Esta naturaleza enderezada del reino de Dios empapa las enseñanzas de Jesús. Uno de los más claros ejemplos es el Sermón del Monte. Observe a quiénes se refiere Jesús al exclamar «dichosos» y a quienes les advierte «ay de ustedes». Note cuán distinta es su perspectiva de la humanidad pecadora.

> Él entonces dirigió la mirada a sus discípulos y dijo:
> Dichosos ustedes los pobres,
> porque el reino de Dios les pertenece.

Dichosos ustedes que ahora pasan hambre,
porque serán saciados.
Dichosos ustedes que ahora lloran,
porque luego habrán de reír.
Dichosos ustedes cuando los odien,
cuando los discriminen, los insulten y los desprestigien por causa del Hijo del hombre.
Alégrense en aquel día y salten de gozo,
pues miren que les espera una gran recompensa en el cielo. Dense cuenta de que los antepasados de esta gente trataron así a los profetas.
Pero ¡ay de ustedes los ricos,
porque ya han recibido su consuelo!
¡Ay de ustedes los que ahora están saciados,
porque sabrán lo que es pasar hambre!
¡Ay de ustedes los que ahora ríen,
porque sabrán lo que es derramar lágrimas!
¡Ay de ustedes cuando todos los elogien!
Dense cuenta de que los antepasados de esta gente trataron así a los falsos profetas.

—*Lucas 6:20-26*

El significado de la palabra «dichoso»

¿A quiénes llama Jesús dichosos en su reino? A los pobres, los humildes y conscientes de su necesidad espiritual; a los que tienen hambre y lloran; a los que lo han dado todo por la causa de Cristo.

No muchos considerarían a tales personas dichosas; sin embargo, así es como las llama el Rey.

Fíjese a quiénes va dirigida la advertencia: «Ay de ustedes». Estos son los ricos y bien alimentados. Solemos tener a los prósperos y bien alimentados por dichosos. Pero esto no es así según la justa escala de valores del reino de Dios.

Dices. «Soy rico; me he enriquecido y no me hace falta nada»; pero no te das cuenta de que el infeliz y miserable, el pobre, ciego y desnudo eres tú. (Apo. 3:17).

Aunque tales personas puedan parecer dichosas, su bienestar puede impedirles descubrir la realidad del reino de Dios. La justa escala de valores del reino de Dios afecta también el trato que se da a los enemigos.

Según Jesús, debemos amarlos:

> Pero a ustedes que me escuchan les digo: Amen a sus enemigos, hagan bien a quienes los odian, bendigan a quienes los maldicen, oren por quienes los maltratan. Si alguien te pega en una mejilla, vuélvele también la otra. Si alguien te quita la camisa, no le impidas que se lleve también la capa. Dale a todo el que te pida, y si alguien se lleva lo que es tuyo, no se lo reclames. Traten a los demás tal y como quieren que ellos los traten a ustedes.
>
> —*Lucas 6:27-31*

Como miembros del reino de Dios debemos hacer lo impensable: amar a nuestros enemigos y hacer bien a los que nos maltratan.

¡Cuán extraña suena esta enseñanza! Parece ingenua y atrasada. Pero para los que hemos sido adoptados en el reino de Dios, esto forma parte de nuestra escala cotidiana de valores.

El propósito de la vida

¿Quién soy yo? ¿Cuál es el propósito de mi vida y cómo he de descubrirlo? Mucha gente busca respuestas en su propia persona, lo cual suele llevarles al ensimismamiento y al desenfreno. Pero Jesús respondió a esta cuestión con abnegación diciendo: «Si alguien quiere ser mi discípulo, que se niegue a sí mismo, lleve su cruz cada día y me siga. Porque el que quiera salvar su vida la perderá; pero el que pierda su vida por mi causa la salvará» (Lucas 9:23-24).

En el reino de Dios se halla el verdadero sentido de la vida, cediendo los derechos personales y muriendo a sí mismo por amor a su reino. Jesús demostró perfectamente este estilo de vida:

> Quien siendo por naturaleza Dios, no consideró el ser igual a Dios como algo a que aferrarse. Por el contrario, se rebajó voluntariamente tomando la naturaleza de siervo y haciéndose semejante a los seres humanos. Y al manifestarse como hombre, se humilló a sí mismo y se hizo obediente hasta la muerte, ¡y muerte de cruz!
>
> —*Filipenses 2:6-7*

¿Creemos en el Rey y en su sabiduría? ¿Estamos dispuestos a adoptar su perspectiva y sus prioridades? ¿A vivir según la justa escala de valores del reino de Dios?

El fin de la vida

La muerte no fue parte del plan de Dios para su creación. Por el contrario, fue una consecuencia de la desobediencia de

Adán y Eva (Gén. 3:19). Para la mayoría de la gente, la muerte genera más temor que cualquier otra cosa. Muchas personas están dispuestas a hacer cualquier cosa por retrasarla. Pero desde la perspectiva del reino de Dios, la muerte es un enemigo derrotado.

Nosotros los cristianos no tenemos por qué temer a la muerte. A los que están dentro del reino, el Rey Todopoderoso les dice: «No tengas miedo. Yo soy el Primero y el Último, y el que vive. Estuve muerto, pero ahora vivo por los siglos de los siglos, y tengo las llaves de la muerte y del infierno» (Apo. 1:17-18).

El apóstol Pablo aludió a esta realidad con confianza: «Porque es necesario que Cristo reine hasta poner a todos sus enemigos debajo de sus pies. *El último enemigo que será destruido es la muerte*» (1 Cor. 15:25-26, cursiva del autor).

Jesús tiene autoridad sobre todas las cosas, incluida la muerte. Él tuvo, incluso, autoridad sobre su propia muerte (Juan 10:17-18). También conquistó el temor a la muerte. Los humanos intentamos distraer este temor y los cristianos no son inmunes. La muerte genera temor a lo desconocido y dolor por la separación de los seres queridos. El mismo Jesús luchó en el Huerto de Getsemaní contra su muerte que se aproximaba (Mat. 26:38-39). Pero el sacrificio de Jesús derrotó a Satanás y venció el temor a la muerte. Jesús conquistó la muerte para que pudiéramos experimentar la vida eterna en su reino. El autor de Hebreos explica:

«Él también compartió esa naturaleza humana para anular, mediante la muerte, al que tiene el dominio de la muerte —es decir, al diablo—, y librar a todos los que por temor a la muerte estaban sometidos a *esclavitud* durante toda la vida» (Heb. 2:14-15, cursiva del autor).

Puesto que Jesús conquistó el temor a la muerte que nos esclavizaba, cabría también pensar que él murió para librarnos del sufrimiento. Pero no. Una vez librados del temor a la muerte somos libres para arriesgar, sufrir y entregar nuestra vida por causa de su reino, no importa cuál sea el costo personal. La sangre de los mártires da testimonio de esta verdad (Heb. 11:31-40). El reino de Dios se caracteriza por la justicia, la paz y el gozo (Rom. 14:17), pero también por el sufrimiento. El apóstol Pablo explica: «Para esto fueron llamados, porque Cristo sufrió por ustedes, dándoles ejemplo para que sigan sus pasos» (1 Ped. 2:21).

No hemos sido librados del sufrimiento sino del temor a la muerte. Juntos con la iglesia —a través de los siglos— proclamamos:

«La muerte ha sido devorada por la victoria.» «¿Dónde está, oh muerte, tu victoria? ¿Dónde está, oh muerte, tu aguijón?» El aguijón de la muerte es el pecado, y el poder del pecado es la ley. ¡Pero gracias a Dios que nos da la victoria por medio de nuestro Señor Jesucristo! (1 Cor. 15:54-57).

PREGUNTAS DE DESCUBRIMIENTO

Asumamos las prioridades de Dios

Jesús enseñó que, como hijos de Dios debemos parecernos a nuestro Padre. Hemos de vivir conforme a sus prioridades. Ver las cosas desde la perspectiva de Dios y valorar lo que él valora. Hemos de ser completamente distintos al mundo. En los siguientes pasajes, Jesús describe con mayor detalle estas prioridades bien ordenadas.

1. Lea Mateo 6:25-34. ¿Qué es lo prioritario para las gentes del mundo?

____

____

____

____

2. ¿Cuál debe ser la prioridad del pueblo de Dios? Si adoptamos esta prioridad, ¿qué resultará?

3. Lea Mateo 6:11-15 y 18:21-35. En su cultura, ¿cómo suele reaccionar el individuo contra quien se ha pecado? ¿Cómo difiere de la enseñanza cristiana acerca del perdón?

4. ¿Por qué hemos de perdonar a otras personas cuando pecan contra nosotros?

5. ¿Qué consecuencia sobreviene si rehusamos perdonar?

6. ¿Cuántas veces hemos de perdonar a alguien que peque contra nosotros? ¿Por qué es tan exigente esta norma?

7. Lea Mateo 22:36-40. ¿Cuál es el mandamiento más importante?

8. ¿Cuál es el segundo mandamiento? ¿Por qué dijo Jesús que era similar al primero?

9. ¿Cómo encarnó Cristo este mandamiento en su vida?

10. Lea Juan 15:18-21 y 2 Corintios 1:8-11. ¿Qué podemos esperar si nos adherimos a la perspectiva, prioridades y escala de valores del reino de Dios? ¿Por qué?

11. Según 2 Corintios 1:9, ¿Qué nos puede Dios enseñar mediante la persecución y el sufrimiento?

PUNTOS PARA RECORDAR

Mantengamos una postura recta

1. Con la «caída», el plan original de Dios para la creación fue subvertido. Sin embargo, con la venida de su reino el orden perfecto de Dios está siendo restablecido.

2. Uno de los temas principales de la enseñanza de Cristo fue la perspectiva y la escala de valores correctos del reino de Dios. Su *sermón del monte* expresa este punto de vista (Mat. 5:16-29).
3. El verdadero sentido, propósito y gozo de la vida lo encontramos muriendo a nosotros mismos y viviendo para Cristo.
4. Nuestra prioridad más alta es amar a Dios y después a nuestro prójimo. Hemos de buscar primero el reino de Dios y su justicia.
5. Cristo asegura que hemos de amar a nuestros enemigos y perdonar a los que pecan contra nosotros.
6. Si vivimos conforme a la escala de valores del reino de Dios debemos esperar persecución y sufrimiento. Sin embargo, a través de la persecución y el sufrimiento podemos acercarnos más a Dios.

PENSAMIENTOS FINALES

Ideas revolucionarias

Una gran multitud oprimía a Pablo y a Silas una tarde, en Tesalónica, acusando a estos dos cristianos: «Estos que han trastornado el mundo entero han venido también aquí» (Hech. 17:6). La multitud tenía razón: Pablo y Silas estaban subvirtiendo *el estado de las cosas*. En verdad, no estaban subvirtiendo el mundo sino ¡poniéndolo al derecho!

La perspectiva y la escala de valores del reino de Dios sacudieron la historia del mundo. Según el sociólogo Rodney Stark, «la noción de un Dios que ama a sus criaturas era algo inaudito antes de la venida de Jesús. De hecho, durante los días del imperio romano la misericordia y la compasión eran vistas como *emociones patológicas destructivas* y como defectos que había que evitar. Al contrario, Jesús enseñó que la misericordia es una de las principales virtudes cristianas ya que Dios es misericordioso con nosotros y nos exige que seamos misericordiosos con los demás—.

Del mismo modo, puesto que Dios ama a la humanidad, los cristianos no pueden agradar a Dios a menos que se amen los unos a los otros. Y dado que Dios nos demostró su amor sacrificando a su único Hijo en favor nuestro, debemos demostrar nuestro amor el uno por el otro a través de un sacrificio personal similar». Tales enseñanzas son revolucionarias. Trastornaron el mundo antiguo y su poder sigue vigente hoy. Entreguémonos a la perspectiva auténtica del magnífico panorama del reino de Dios.

APLICACIÓN PERSONAL

Hagamos nuestra la perspectiva de Dios

Esta sesión ha contrastado la perspectiva del reino de Dios con la del mundo. Use la tabla siguiente para repasar las diferencias entre el reino de Dios y la cultura de su país.

Valor	Escritura	Reino de Dios	Cultura de la Nación
Prioridad máxima	Mat. 6:25–34 Mat. 22:34–40		
Cómo tratar A las personas	Mat. 22:34–40 Luc. 10:25–37		
Cómo tratar a Los enemigos	Luc. 6:27–31		

Valor	Escritura	Reino de Dios	Cultura de la Nación
La práctica del perdón	Mat. 6:9–15 Mat. 18:21–35		
El sentido de la vida	Luc. 9:23–24 Mc. 8:34–37 Juan 12:23–26		
La actitud frente al sufrimiento	Luc. 6: 21-23 2 Cor. 1:8-11		
La perspectiva de la muerte y de la agonía	Juan 11: 25-26 Heb. 2:14-15 Apo. 1:17-18		

¿Con cuál perspectiva mira usted la vida?

¿Qué cabe decir de su perspectiva personal? ¿Refleja el reino de Dios? Las siguientes preguntas le ayudarán a evaluar su perspectiva.

1. Repase de nuevo la lista reflexionando sobre su vida. Considere un área en la que su perspectiva refleja el reino de Dios. ¿Cómo llegó a este punto de vista?

2. Elija ahora un área en la que su perspectiva refleje su cultura,

más que el reino de Dios. Anote lo que piensa respecto a por qué y cómo esta área le ha influenciado.

3. Ore esta semana acerca de esta área y pida a Dios que le ayude a obtener su perspectiva. Mientras ora, medite en lo que las Escrituras enseñan acerca de esta área. Comience ahora escribiendo una oración a Dios.

4. Decida una cosa concreta que pueda hacer esta semana para practicar la perspectiva de Dios. Tal vez haya alguien a quien necesite perdonar. Tal vez desea tener algo que ha llegado a ser más importante que Dios en su vida y tiene que abandonarlo. Tal vez haya un vecino o alguien que necesite su ayuda. Escriba lo que piensa hacer. Cuénteselo a un amigo amable a quien pueda rendir cuentas. Dé gracias a Dios por cualquier cambio que haga hacia su reino.

UNA RESPUESTA PRÁCTICA

Vuelva a intentarlo

Examine sus respuestas en la sección de *aplicación personal*. Según sus respuestas, ¿qué valores o puntos de vista tiene su cultura respecto a las siguientes áreas: (1) la máxima prioridad, (2) cómo tratar a las personas, (3) cómo tratar a los enemigos, (4) el perdón, (5) el sentido de la vida, (6) el sufrimiento, y (7) la muerte y la agonía.

Observe los valores de su cultura esta semana —en libros, películas, revistas, noticieros, publicidad, conversaciones, etc. Escriba ejemplos de lo que observe. Luego escoja uno de estos ejemplos y exponga cómo esta actitud podría haber reflejado los valores de Dios. Comparta sus observaciones con el grupo o a un amigo.

Próxima sesión: *El poder sobrenatural de las matemáticas del reino.*

SESIÓN 4

Practiquemos las matemáticas del reino de Dios

Corría el año 1884. En una barriada de clase trabajadora de Filadelfia, Pensilvania, una niña llamada Hattie May Wiatt lloraba a la puerta de una capilla bautista. Había sido rechazada porque la gran afluencia de niños no había dejado un cupo para ella en la escuela dominical. En ese momento pasó por allí el pastor —un amable veterano de la guerra civil llamado Russell Conwell— y viendo el rostro de la niña bañado en lágrimas la tomó en sus brazos, la llevó hasta la clase dominical y la sentó en un oscuro rincón. A partir de ese día el pastor Conwell le prometió a Hattie que construirían una escuela dominical más grande para que sus amigas también pudieran entrar a conocer a Jesús.

Dos años después murió Hattie. Cuando levantaron su cuerpecito de su lecho descubrieron un monedero gastado y arrugado que contenía cincuenta y siete centavos y una nota garabateada con rasgos infantiles. Decía así: «*Este dinero es para ayudar a construir una iglesia más grande para que todos los niños puedan ir a la escuela dominical»*. Cuando el pastor leyó aquella nota se le saltaron las lágrimas y supo lo que tenía que hacer. El domingo siguiente mostró a la congregación la nota y el pequeño monedero. Luego les contó la historia de Hattie y los retó a seguir su ejemplo y a dar sacrificadamente para construir una escuela dominical más grande. La congregación de clase trabajadora se sintió movida a dar más dinero y recolectó suficiente para expandir la escuela y el terreno de la iglesia. También estableció una pequeña clínica para ministrar las necesidades físicas de la comunidad y una pequeña escuela de formación pastoral y vocacional.

Años después, en 1912, el pastor Conwell predicó un sermón en el que enumeró las múltiples bendiciones que siguieron al donativo de Hattie. Con los años, la iglesia continuó expandiéndose y pasó a llamarse iglesia *Templo bautista*. La clínica se convirtió en uno de los hospitales más grandes de Filadelfia atendiendo varios centenares de pacientes al año. El pequeño centro de formación prosperó hasta llegar a ser la Temple University, actualmente una de las mayores universidades de Pensilvania. El pastor se maravillaba de que Dios hubiera comenzado estas empresas con el pequeño donativo de una niña pobre, de apenas ocho años. Concluyó su sermón con estas estimulantes palabras: «Si pensamos en la influencia de la vida de Hattie en el mundo sentimos como si ella hubiese sido una de las grandes personalidades de la tierra, pues logró lo que no pudieron conseguir algunos jefes y reyes de esta tierra. En consecuencia, cuando el más humilde de los siervos de Dios cumple fielmente su pequeña asignación, hace más por el reino de Dios que los grandes en apariencia».[1]

A lo largo de esta sesión descubriremos que Dios se deleita en usar las cosas pequeñas, pobres y débiles de este mundo para extender su reino. Él toma sus talentos, sus actos de servicio y de generosidad —aparentemente insignificantes— y multiplica sobrenaturalmente su efecto en gran medida. A este principio lo denominamos «las matemáticas de reino».

PALABRAS CLAVES

Un principio del reino

Encarnación

La *encarnación* es un término teológico que define el milagro histórico acaecido en el corazón del cristianismo. Es decir, Cristo tomó su naturaleza divina y, adoptando nuestra naturaleza humana, se hizo hombre. El término expresa la doble naturaleza divina-humana de la persona de Jesucristo, plenamente Dios y plenamente hombre.

Principio

Un *principio* es una verdad general o dogma que sirve como norma de acción. Es una ley o doctrina fundamental. El reino de Dios contiene muchas verdades generales. Una de ellas es objeto de esta sesión: Dios extiende su reino multiplicando los dones y talentos —entregados fiel y obedientemente— de los pobres y los débiles.

VERSÍCULOS CLAVES

La maravilla del poder de Dios

¿Acaso no lo sabes?
    ¿Acaso no te has enterado?
El Señor es el Dios eterno,
    creador de los confines de la tierra.
No se cansa ni se fatiga,
    y su inteligencia es insondable.
Él fortalece al cansado
    Y acrecienta las fuerzas del débil.

Aun los jóvenes se cansan, se fatigan,
y los muchachos tropiezan y caen;
pero los que confían en el Señor
renovarán sus fuerzas;
volarán como las águilas:
correrán y no se fatigarán,
caminarán y no se cansarán.

—*Isaías 40:28-31*

1. ¿Cómo describen estos versículos a Dios?

2. ¿Qué hace Dios por los débiles y los cansados?

3. Exprese la acción de Dios en una fórmula matemática usando los siguientes elementos: Fuerza, confianza en Dios, nuestra debilidad, (X) Número de veces, Igual (=)

4. ¿Qué hemos de hacer en nuestra debilidad para renovar las fuerzas?

INTUICIONES BÍBLICAS

Dios hace más con menos

Cuando se nos asigna una tarea importante buscamos a las personas bien educadas, ricas o talentosas. Pensamos que para que un proyecto tenga éxito debe ser de gran alcance, estar bien financiado y contar con buenos profesionales. No obstante, ¿a quiénes escoge Dios normalmente para cumplir la tarea más importante de todas —el avance de su reino? Suele escoger a los débiles, a los pobres y a los insignificantes (lo opuesto a lo que el mundo espera). En una epístola a los Corintios, el apóstol Pablo explica por qué Dios hace esto:

> Hermanos, consideren su propio llamamiento: No muchos de ustedes son sabios según criterios meramente humanos; ni son muchos los poderosos, ni muchos de noble cuna. Pero Dios escogió lo insensato del mundo para avergonzar a los sabios, y escogió lo débil del mundo para avergonzar a los poderosos. También escogió Dios lo más bajo y despreciado, y lo que no es nada, para anular lo que es, a fin de que en su presencia nadie pueda jactarse.
>
> *—1 Corintios 1:26-29*

La obra de Dios consiste en expandir su reino. El Todopoderoso actúa a través de los hombres, pero usa a gente débil, pobre, o no educada. De este modo su gloria brilla para que no se confunda con el poder, la riqueza o el conocimiento humanos. En pocas palabras, Dios se deleita en multiplicar la fuerza de los débiles para propagar su reino.

Multiplicación en el Antiguo Testamento

¿A quién levantó el Señor para librar a Israel de la esclavitud de los egipcios? A Moisés, un hombre abrumado por su debilidad y su falta de capacidades. Por eso Moisés exclamó: «Señor, yo nunca me he distinguido por mi facilidad de palabra —objetó Moisés—, Y esto no es algo que haya comenzado ayer ni anteayer, ni hoy que te diriges a este tu siervo. Francamente me cuesta mucho trabajo hablar» (Éxo. 4:10). Es decir, Moisés era exactamente la clase de persona que Dios escogería para esta tarea históricamente trascendental.

Dios le dijo enérgicamente a Moisés: «¿Y quién le puso la boca al hombre? —respondió el Señor— ¿Acaso no soy yo, el Señor, quien lo hace sordo o mudo, quien le da la vista o se la quita? Anda, ponte en marcha, que yo te ayudaré a hablar y te diré lo que debas decir» (Éxo. 4:11).

En realidad, Dios le estaba diciendo a Moisés: «Esta es mi obra y tú eres mi instrumento. Te he dado todo lo que necesitas para hacer el trabajo; así pues, no te preocupes. Confía en mí. Yo puedo tomar lo que tú ves como debilidad y convertirlo en fortaleza para mi gloria. Obraré en ti para que lleves a cabo la tarea».

Dios actuó milagrosamente a través de Moisés para guiar a su pueblo durante su deambular por el desierto, y eventualmente, a las puertas de la tierra prometida en Canaán.

Guiada por Josué —el sucesor de Moisés— la nación de Israel ocupó la tierra de Canaán. En aquella época Dios mostró su gloria a través de un humilde labrador llamado Gedeón. En el libro de los Jueces 6:1-6 se presenta el escenario de esta historia así:

> Los israelitas hicieron lo que ofende al Señor, y él los entregó en manos de los madianitas durante siete años. Era tal la tiranía de los

> madianitas que los israelitas se hicieron escondites en las montañas y en las cuevas, y en otros lugares donde pudieran defenderse. Siempre que los israelitas sembraban, los madianitas, amalecitas y otros pueblos del oriente venían y los atacaban. Acampaban y arruinaban las cosechas. Llegaban con su ganado y sus tiendas como plaga de langostas. Tanto ellos como sus camellos eran incontables, e invadían el país para devastarlo. Era tal la miseria de los israelitas por causa de los madianitas, que clamaron al Señor pidiendo ayuda.

Para librar a Israel, Dios escogió a Gedeón, quien dijo de sí mismo que era el «más insignificante de su familia» y cuyo clan era el más débil de la tribu de Manasés (Jue. 6:15). Después, cuando Dios envió a Gedeón a atacar a los madianitas le proporcionó un reducido ejército de trescientos hombres —un grupo ridículamente exiguo comparado con el enjambre de invasores madianitas. El Señor diseñó este desequilibrio «a fin de que Israel no vaya a jactarse contra mí y diga que su propia fortaleza lo ha librado» (Jue. 7:2).

El mismo modelo se repite en la vida de David, el más grande rey de Israel.

David era el varón más joven de su familia; un sencillo pastor. Armado con una onda y una fe inquebrantable en Dios derribó al gigante Goliat (1 Sam. 17:1-51). Más tarde, Dios lo escogió para ser rey, aunque parecía que su candidatura tenía pocas opciones (1 Sam. 16:1-13). ¡Parece que Dios se deleita en hacer más cuando tiene menos con qué trabajar!

Este principio inunda la Sagrada Escritura. Asombrosamente vemos el poder con que Dios se manifiesta en la Encarnación de Jesucristo. El apóstol Pablo, escribió sobre este tema y nos recordó que incluso el todopoderoso Dios no escapó a este modelo. «Ya conocen la gracia de nuestro Señor Jesucristo, que aunque era rico, por causa de ustedes se hizo pobre para que mediante su pobreza ustedes llegaran a ser ricos» (2 Cor. 8:9).

Los pobres del Nuevo Testamento

Dios envió a su Hijo a la tierra y su nacimiento tuvo lugar en el polvoriento establo de una colonia oprimida, en un extremo del imperio romano. Cuando fue adulto, Jesús trabajó como carpintero y no exhibía cualidades aparentes que anunciaran su majestad.

El profeta Isaías describió a Jesús de la siguiente manera: «No había en él belleza ni majestad alguna; su aspecto no era atractivo y nada en su apariencia lo hacía deseable. Despreciado y rechazado por los hombres, varón de dolores, hecho para el sufrimiento» (Isa. 53:2-3).

A tono con su humilde aspecto, Jesús escogió un puñado de hombres insignificantes para cumplir su tarea. Uno era pescador, otro era un aborrecido recaudador de impuestos. Pero después de la muerte y resurrección de Jesús, el Espíritu Santo capacitó a los discípulos para proclamar audazmente el evangelio en Jerusalén. Cuando la gente los escuchaba se maravillaba porque reconocían «que eran gente sin estudios ni preparación que habían estado con Jesús» (Hech. 4:13).

Cuando un mendigo cojo —a la puerta del templo— pidió dinero a Pedro y a Juan, aquél le respondió: «No tengo plata ni oro —declaró Pedro—, pero lo que tengo te doy. En el nombre de Jesucristo de Nazaret, ¡levántate y anda!» (Hech. 3:6).

Estos seguidores de Jesús eran pobres, no obstante tenían algo mucho más valioso que las riquezas ¡Tenían al todopoderoso, soberano Señor del universo! Un Dios que se deleita en revelar su poder a través del débil y el pobre, aunque fiel y obediente.

Pedro y Juan comprendieron que nada ni nadie es «demasiado pequeño» ó «demasiado insignificante» para Dios.

Así como lo hizo mediante Pedro y Juan, Dios actúa a través de nuestras oraciones. Tal vez usted piense que es demasiado débil para que Dios lo use. Quizás, como Moisés, usted no aprecia sus dones. O puede que usted viva en un país donde lo consideran débil y pobre.

Vuelva a considerar estos valores a la luz del reino justo y verdadero de Dios. Él se deleita en usar a personas como usted para llevar a cabo cosas extraordinarias, si mantiene sus ojos fijos en él.

PREGUNTAS DE DESCURIMIENTO

Ejemplos de multiplicación divina

Muchos relatos bíblicos confirman que Dios capacita al débil para extender su reino. Para apreciar este principio espiritual, eche una ojeada a estos ejemplos: Juan 6:1-14 (Jesús alimenta a cinco mil), 1 Rey. 17:7-16 (Elías y la viuda de Sarepta), y Mar. 12:41-44 (las monedas de la viuda). Luego responda las siguientes preguntas.

1. ¿Eximió Jesús a los materialmente pobres de entregar sus bienes para el reino?

____

____

____

2. ¿Quiénes fueron los pobres en cada historia? ¿Qué dieron?

____

____

____

____

3. Basándose en lo aprendido en estas historias, ¿qué necesitan las personas para obedecer el mandamiento de Jesús de amar a sus enemigos?

4. ¿Qué evidencia encuentra en estas historias para probar que Dios bendice el don de una persona pobre?

5. ¿Vieron aquellos que entregaron sus dones y talentos —en estas historias— cómo Dios usó su contribución? Explíquelo.

6. Lea Mateo 25:14-30, la historia de los talentos. ¿Qué recogerá el pobre si se excusa en su pobreza para no obedecer a Dios?

7. Según esta historia, ¿qué recogerá cualquiera que no dé o invierta lo que Dios le ha concedido, no importa la excusa que tenga?

PUNTOS PARA RECORDAR

Las matemáticas del reino de Dios-repaso

1. La expansión del reino es obra de Dios. Él prefiere actuar a través de los hombres, pero suele elegir a los pobres y los débiles para que su gloria brille en ellos.
2. El llamado a invertir en los propósitos del reino es para todos los creyentes. Para obedecer el mandamiento de Cristo sólo necesitamos lo que tenemos. Dios hará el resto.
3. No hay circunstancia en la que nuestra ofrenda sea «demasiado poca» o «demasiado insignificante» para que Dios la use.
4. Dios bendice mediante la multiplicación. Él se deleita en hacer *más* con *menos*. Confianza en Dios x Nuestra debilidad = Fortaleza.
5. Dios multiplica los dones ofrecidos en obediencia y por amor, aun cuando no veamos personalmente la multiplicación que él hace.

PENSAMIENTOS FINALES

El poder se perfecciona en la debilidad

Las matemáticas del reino no implican que Dios nunca use personas educadas o ricas para su servicio. Él desea enrolar a todos en la obra de su reino. El apóstol Pablo sentó el ejemplo. Pablo era uno de los grandes hombres de su época. Recibió una educación esmerada y fue un respetado líder religioso. Con todo, comprendió que no podía confiar en su posición social ni en su educación ¡Necesitaba a Dios! «Sin embargo, todo aquello que para mí era ganancia ahora lo considero pérdida por causa de Cristo. Es más, todo lo considero pérdida por razón del incomparable valor de conocer a Cristo Jesús, mi Señor. Por él lo he perdido todo, y lo tengo por estiércol, a fin de ganar a Cristo» (Fil. 3:7-8).

El apóstol Pablo expresó su propia necesidad de fuerza sobrenatural de la siguiente forma:

«Pero él me dijo: Te basta con mi gracia, pues mi poder se perfecciona en la debilidad. Por lo tanto, gustosamente haré más bien alarde de mis debilidades para que permanezca sobre mí el poder de Cristo. Por eso me regocijo en las debilidades, insultos, privaciones, persecuciones y dificultades que sufro por Cristo; porque cuando soy débil, entonces soy fuerte» (2 Cor. 12:9-10).

En el reino de Dios, ninguna persona o nación es demasiado pequeña o pobre o débil. Su poder nos fortalece.

APLICACIÓN PERSONAL

Las matemáticas del reino en su propia vida

Reflexione acerca de las matemáticas del reino en su propia vida.

1. ¿Conoce algunas personas que se hayan sacrificado y en cuyas vidas el principio de multiplicación de Dios sea evidente? Si es así, ¿qué hacen esas personas?

2. ¿Qué siente usted por lo que Dios hace a través de esas personas sacrificadas?

3. ¿Tiene usted alguna duda o pregunta en cuanto a cómo opera realmente el principio de multiplicación del reino? Si es así, formúlela ahora por escrito:

4. ¿Está usted practicando actualmente las matemáticas del reino (en su familia, en el trabajo, en la iglesia, etc.)? Si es así, ¿cuál ha sido su experiencia?

5. ¿Son las matemáticas del reino evidentes en su iglesia? En caso afirmativo, ¿cómo?

6. ¿Cómo puede usted abrir más su vida y su corazón a las matemáticas del reino y al principio de multiplicación espiritual?

7. ¿Qué cosas cambiaría usted, gracias a este estudio?

UNA RESPUESTA PRÁCTICA

Las matemáticas del reino de Dios en acción

Organice con un compañero un sencillo proyecto de «generosidad» y pidan a Dios que les muestre cómo funcionan las *matemáticas del reino*. Podrían empezar a diezmar, a donar tiempo a una organización caritativa, a contribuir en la iglesia, o a alimentar a los pobres. Después de varios meses evalúen los resultados y comprueben si han observado el funcionamiento de las *matemáticas del reino* en las vidas de otras personas, o en la suya propia. ¿Cómo se sienten por los resultados obtenidos?

Próxima sesión: *En el reino de Dios, el siervo es el más grande.*

SESIÓN 5

La definición de grandeza

«¿Qué quieres ser cuando seas mayor?», es una pregunta que hacemos frecuentemente a los niños. Las respuestas que ellos suelen dar son: «policía» o «enfermera» o «bombero». Algunos niños son más soñadores cuando responden: «estrella de cine» o «cantante» o «médico». Una vez le hicieron a un niño esta misma pregunta y respondió que quería ser el hombre que recoge las basuras. Cuando le preguntaron por qué, contestó: «¡Para poder embarrarme!» Tomemos la misma pregunta y planteémosla de otra manera. Imaginemos que le preguntamos a Jesús, qué le gustaría que fuésemos en la vida. De inmediato descubriríamos el otro lado de la pregunta. Jesús probablemente nos respondería lo mismo a todos: «Quiero que seas mi siervo».

—*Charles R. Swindoll*

De todos los valores del reino de Dios, el servicio a los demás puede ser el más radical. Vivimos en un mundo radicalmente pecaminoso, egocéntrico y ensimismado, en el que la gente busca sus propios intereses, aunque ello signifique atropellar a otros por el camino. Pero Jesús desafía frontalmente esta actitud. «Porque el Hijo del hombre no vino para que le sirvan sino para servir, y para dar su vida en rescate por muchos» (Mar. 10:45). Cristo anduvo por la tierra sirviendo y su vida reveló que el servicio es tanto una actitud como una acción. Una actitud de siervo es esencial para tener el carácter de Cristo. Él se dedicó a cuidar los intereses de los demás. Al mismo tiempo realizó muchos actos de servicio al necesitado. El mayor de ellos fue dar su vida en la cruz.

La parábola del buen samaritano capta esta combinación de actitud-acción (Luc. 10:25-37). Cuando el buen samaritano vio a aquel hombre golpeado yacer maltrecho en el camino, dejó a un lado sus quehaceres y le sirvió abnegadamente. Esta parábola ilustra lo que Jesús hizo por nosotros cuando yacíamos postrados en el camino de la vida, quebrantados por el pecado. Jesús puso fin a la parábola del buen samaritano con este mandato: «Anda entonces, y haz tú lo mismo» (vs. 37).

¿Qué quiere Jesús que seamos en la vida? Quiere que seamos como él. Que seamos radicalmente distintos del mundo. Que seamos siervos. En esta sesión descubriremos que en el reino de Dios, la «grandeza» no se define por el estatus, la posición social ó el poder, sino por la obediencia humilde y el servicio abnegado.

PALABRAS CLAVES

Siervo

En el Nuevo Testamento aparecen varias palabras griegas que significan siervo. Dos de las más comunes son *doulos* y *diakonos*. Un d*oulos* era un esclavo que pertenecía a un amo. En la iglesia, la palabra *doulos* se usaba como una metáfora para designar a personas que estaban completamente sometidas a la voluntad de Dios. Aunque esta palabra se traduce al castellano por siervo, el apóstol Pablo, en Romanos 1:1, empleó literalmente la palabra *doulos* para definirse a si mismo: «Pablo, siervo de Jesucristo». *Diakonos* designa a un ministro o siervo eclesiástico. La palabra *diácono* procede de esta palabra griega. En la iglesia primitiva, el *diácono* era un siervo que cuidaba de los pobres y necesitados y de la distribución del dinero recogido para cubrir sus necesidades. Esta palabra designaba también al camarero o persona que sirve los alimentos.

Servir

En el Nuevo Testamento aparecen tres palabras que significan servir en griego. *Lautreo* significa servir prestando reverencia o adoración. (Es interesante notar en el Nuevo Testamento la estrecha relación que hay entre la adoración y el acto de servicio). La segunda palabra es *diakoneo* que significa servir o atender a alguien, como cuando se practica la hospitalidad. (Esto implica cuidar y suplir las necesidades de los pobres). La tercera palabra es *douleo* que significa servir como el esclavo obedece a su amo, completamente rendido o sometido a su servicio.

VERSÍCULOS CLAVES

Entre ustedes no deben ser así

> Así que Jesús los llamó y les dijo: Como ustedes saben, los que se consideran jefes de las naciones oprimen a los súbditos, y los altos oficiales abusan de su autoridad. Pero entre ustedes no deben ser así. Al contrario, el que quiera hacerse grande entre ustedes deberá ser

> su servidor, y el que quiera ser el primero deberá ser esclavo de todos. Porque ni aun el Hijo del hombre vino para que le sirvan, sino para servir y para dar su vida en rescate por muchos.
>
> —*Marcos 10:42-45*

1. Lea Marcos 10:32-41 para entender el contexto de estos versículos claves. ¿Cuál es el marco de este coloquio entre Jesús y sus discípulos? ¿Qué tenía Jesús en mente?

2. En los versículos 37-41, ¿qué querían Santiago y Juan que Jesús hiciese por ellos? ¿Por qué no pudo él responder a su petición? ¿Cómo reaccionaron los otros discípulos?

3. Según el versículo 42, ¿Cómo se mide la grandeza en el mundo?

4. ¿Qué significa la frase: «Entre vosotros no debe ser así», en el versículo 43?

5. ¿Cómo mide Jesús la grandeza?

6. Según el versículo 45, ¿qué cosa no vino Jesús a hacer? ¿Qué dos cosas vino Jesús a hacer?

INTUICIONES BÍBLICAS

El valor supremo del reino de Dios

A través de las enseñanzas de Jesús y de los apóstoles descubrimos una extraña escala de valores —la del reino de Dios—. Según esta escala «es de más bendición dar que recibir» (Hech. 20:35). Los débiles son en realidad fuertes y poderosos porque «el poder se perfecciona en la debilidad» (2 Cor. 12:9-10). La grandeza se determina por el servicio humilde (Mar. 10:41-45).

Los valores del reino contrastan vivamente con los valores invertidos del mundo. En el mundo, la grandeza se demuestra con el «poder de dominio» sobre los subordinados y el ejercicio de autoridad sobre ellos. Los grandes, según la escala de valores del mundo, se reconocen porque tienen el mayor número de siervos. El afán de poder y posición social se manifiesta en el mundo moderno de múltiples maneras. Por ejemplo, en muchas culturas un tirano poderoso domina la familia, la comunidad, el gobierno, y a veces la iglesia. Ciertos proverbios culturales como «mantenla descalza en el invierno y encinta en el verano» y «el cielo de la mujer está bajo los pies de su marido» reflejan el apetito de poder y dominio sobre las mujeres.

El mismo deseo de poder se halla en la raíz de la esclavitud, en donde una raza o grupo étnico tiene la llave de la vida y la muerte sobre otros. Hubo un tiempo en que la esclavitud estuvo institucionalizada en los Estados Unidos. Hoy sigue existiendo en algunas regiones del mundo.

También hay un deseo de poder en la clase alta de los brahmanes de la sociedad hindú, que se manifiesta cuando éstos se enseñorean sobre las castas étnicas inferiores y luchan por mantener el poder, a pesar de la enseñanza de Gandhi y los esfuerzos de la moderna nación india. Esta dominación se manifiesta también en la lucha económica de clases, mediante la cual un grupo de personas (los ricos) despliegan su poder sobre otro grupo (los pobres). Esta situación irrumpe en los círculos políticos como señaló acertadamente el erudito británico Lord Acton al emitir la famosa sentencia: «El poder corrompe, y el poder absoluto corrompe absolutamente». Como en los tiempos bíblicos, el instinto natural de la gente sigue siendo hoy ejercer poder sobre otros, incluso sobre grupos enteros de personas.

La naturaleza del Padre Celestial

Al contrario de la sed de poder que mueve al mundo, el Rey del universo vino a la tierra a servir. El servicio de Cristo no violó su naturaleza divina. Antes bien, reflejó perfectamente el carácter amoroso del Padre.

Génesis 2:19 brinda un ejemplo de la generosa naturaleza del Padre: «Entonces Dios el Señor formó de la tierra toda ave del cielo y todo animal del campo, y se los llevó al hombre para ver qué nombre les pondría. El hombre les puso nombre a todos los seres vivos, y con ese nombre se les conoce». Según este texto, Dios permitió humildemente a Adán, su propia criatura, que nombrara a los animales. Dios podía haber dicho: «Yo pondré nombre a los animales y tú les llamarás con el nombre que yo les ponga». En vez de ello, delegó esta responsabilidad en el hombre. Dios, el Creador, usa los nombres que Adán escogió.

El Rey del universo sirve también como pastor, cuidando y alimentando a sus ovejas. En los consoladores versículos del Salmo 23 se hace evidente que Dios es nuestro proveedor y protector. El salmista escribió: «Dispones ante mí un banquete en presencia de mis enemigos» (vs. 5). El siervo es quien pone la mesa en una casa. En este pasaje, el siervo es el Dios todopoderoso.

En el Nuevo Testamento, la humildad y el servicio divinos aparecen gloriosamente en estas palabras escritas por el apóstol Juan: «Porque tanto amó Dios al mundo, que dio a su Hijo unigénito, para que todo el que cree en él no se pierda, sino que tenga vida eterna» (Juan 3:16). A pesar de nuestra pecaminosidad, Dios sacrificó de buena gana a su único Hijo para satisfacer nuestra redención. De manera similar declaró Jesús: «Nadie tiene amor más grande que el dar la vida por sus amigos» (Juan 15:13). Jesús, nuestro Maestro y Rey, sacrificó su vida para demostrar la medida de su amor por nosotros.

Quizás la realidad más asombrosa del reino de Dios sea esta: «el Rey es un siervo. Por lo tanto, los mayores en el reino son también los siervos. Jesús dijo repetidamente que «ningún siervo es más que su amo» (Juan 13:16; 15:20). Si nuestro maestro es un siervo, no puede haber mayor llamado en nuestra vida, ni mayor ambición, que servir a los demás. Este es el valor supremo del reino justo de Dios.

Amémonos los unos a los otros

Dicho de otro modo, *servir* significa amarnos los unos a los otros de la misma manera que Jesús nos amó. Por esto la gente conocerá que somos ciudadanos del reino verdadero y eterno.

Cuando Jesús quiso expresar su amor a los discípulos hizo algo inimaginable —algo que sólo el siervo más humilde de una casa haría: les lavó los pies. En su última reunión con sus discípulos antes de dirigirse a su crucifixión, él dijo a sus seguidores, y a la iglesia a través de los siglos: «Pues si yo, el Señor y el Maestro, les he lavado los pies, también ustedes deben lavarse los pies unos a otros. Les he puesto el ejemplo para que hagan lo mismo que yo he hecho con ustedes» (Juan 13:14-15).

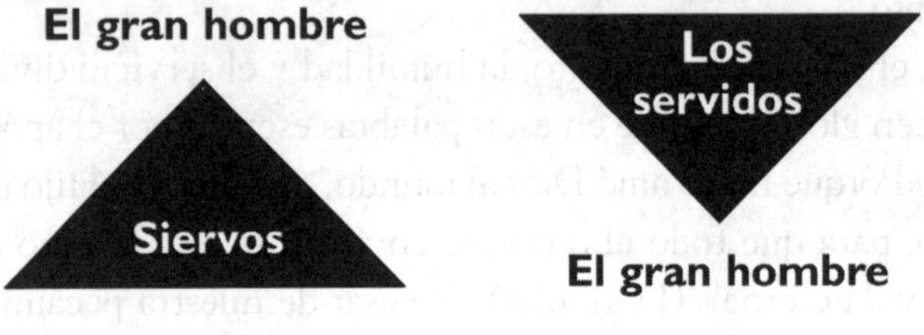

En el mundo *En el reino*

Mientras el mundo cree que es más grande el que más siervos tiene, Dios asegura que la verdadera grandeza de una persona consiste en servir a otros. El entendimiento del amor y el servicio del Señor y maestro nos capacitan para servir y buscar el interés de otros.

PREGUNTAS DE DESCUBRIMIENTO

Perspectivas del servicio

Muchos textos bíblicos tratan el tema del *servicio*. Estudiaremos algunos aquí, pero usted puede examinar otros y construir su propia «teología bíblica» del servicio.

Siervos bíblicos

Podemos aprender acerca del *servicio* leyendo historias de personajes bíblicos que lo practicaron. Desde los privilegiados hasta los humildes, la Biblia honra también por medio del recuerdo de sus historias para la posteridad.

1. Exponga cómo sirvieron a otros cada uno de los personajes que aparecen en los siguientes pasajes. ¿Por qué lo hicieron?

   Rebeca, Génesis 24:10-25

   Booz, Rut 2:1-18

   Dorcas, Hechos 9:36-43

   Un pecador, Lucas 7:36-38

2. ¿Comparten las actitudes y acciones de estas personas hilos comunes?

3. Describa a una persona conocida que sea sierva. ¿Qué características que ella posee le gustaría tener?

Cuestiones de liderazgo

Esta es una pregunta común: ¿Pueden las personas en autoridad dirigir y servir al mismo tiempo? Estudie algunos pasajes que arrojen un poco de luz sobre este asunto.

4. Lea Mateo 28:18 y Marcos 10:45. La afirmación que hizo Jesús de sí mismo como siervo y su proclamación de autoridad ¿provocaron alguna contradicción en su vida?

5. ¿Cómo ve usted funcionar la autoridad, el liderazgo y el servicio en la vida de Jesús?

6. Lea 1 Reyes 12:1-11. ¿Qué quería hacer esa gente?

7. ¿Qué acciones del anterior rey les impidieron alcanzar su meta?

8. ¿Cuál fue la recomendación de los ancianos? ¿Cuál fue la de los jóvenes? ¿Qué consejo escuchó Roboam? ¿Cuál fue la consecuencia en los versículos 16-19?

9. Apoyándonos en los pasajes anteriores, ¿el hecho de ocupar una posición de autoridad o liderazgo exime de la necesidad de servir a otros? ¿Por qué, o por qué no?

____

____

____

____

____

10. Considere las distintas facetas de su vida en las que ejerce liderazgo (en el trabajo, el hogar, la iglesia, etc.) ¿De qué maneras puede usted servir y dirigir al mismo tiempo?

____

____

____

____

____

PUNTOS PARA RECORDAR

Asumamos el servicio

1. En el reino de Dios, la «grandeza» no se define por el estatus, la posición social o el poder, sino mediante la obediencia humilde y el servicio sacrificado.
2. El servicio es simultáneamente una actitud y una acción.
3. Jesús es tanto un rey como un siervo. Su actitud y actos de servicio reflejan el carácter de su Padre. No hay contradicción entre el servicio y la autoridad/el liderazgo.
4. Jesús dijo: «Ningún siervo es más que su amo» (Juan 13:16). Jesús es nuestro Maestro y nosotros somos sus siervos. Por lo tanto, nuestra mayor ambición es servir a los demás.

PENSAMIENTOS FINALES

El segundo gran mandamiento

Jesús explica las prioridades del amor «cristiano» en Mateo 22:37: «Ama al Señor tu Dios con todo tu corazón, con todo tu ser y con toda tu mente —le respondió Jesús—. Este es el primero y más importante de los mandamientos. El segundo se parece a éste: Ama a tu prójimo como a ti mismo. De estos dos mandamientos depende toda la ley y los profetas». Estos dos mandamientos están eternamente entrelazados. Si amamos a nuestro prójimo, amaremos a Dios.

Si servimos a nuestro prójimo, prestaremos el servicio a Dios. El libro de Proverbios 14:31 declara: «Honra a Dios quien se apiada del necesitado». Proverbios 19:17 añade: «Servir al pobre es hacerle un préstamo al Señor; Dios pagará esas buenas acciones».

Jesús refuerza esta enseñanza en la parábola de las ovejas y las cabras, en Mateo 25:31-40. «Porque tuve hambre y ustedes me dieron de comer; tuve sed y me dieron de beber; fui forastero, y me dieron alojamiento… Y le contestarán los justos: "Señor, ¿cuándo te vimos hambriento y te alimentamos…?" El Rey les responderá: "*Les aseguro que todo lo que hicieron por uno de mis hermanos, aun por el más pequeño, lo hicieron por mí»* (vs. 35-40, cursiva del autor).

Como seguidores de Cristo, nuestra mayor ambición es imitarle amando y sirviendo a nuestro prójimo. Esta práctica, además de radical también es revolucionaria.

Si los seguidores de Cristo la practicaran por todas partes de manera coherente, serían transformadas culturas enteras. Y este proceso comienza con los individuos. ¿Por qué no con usted?

APLICACIÓN PERSONAL

¿Cuál es su ambición?

La ambición en el reino de Dios difiere de los motivos egocéntricos de la gente que actúa sin Cristo. El Señor desea que las ambiciones de sus seguidores sean coherentes con su énfasis en el servicio. Utilice estas preguntas para considerar las actitudes y ambiciones de su cultura y las suyas propias.

1. Piense si la gente de su cultura tiene metas claras y aspiraciones en la vida. ¿Cómo describiría sus ambiciones? Si no tuvieren metas y ambiciones, explique por qué no.

___

___

___

2. A contnuación, marque con un círculo las palabras que mejor definen los valores —metas por las que se esfuerza la gente— de su cultura.

Asistente	Influyente	Dueño	Siervo
Esclavo voluntario	Insignificante	Pobre	Esclavo
Jefe	Grande	Prestigioso	Pequeño
Cabeza	Último	Principal	Subordinado
Director	Líder	Propietario	Éxito
Empleado	Señor	Rector	Superior
Empleador	Gerente	Respetado	Auxiliar
Primero	Amo	Rico	Subalterno
Ayudador	Manual	Gobernador	Vencedor
Inferior	Menor	Secundario	

3. Considere las palabras que ha seleccionado. ¿Qué revelan acerca de las ambiciones de su cultura?

4. Escoja las 5 palabras de la lista que mejor definan sus metas y ambiciones personales. ¿Difieren sus metas de las de la sociedad en que vive? En caso afirmativo, ¿cómo? Si no, ¿qué puede deducir acerca de sí mismo?

5. La mayoría de las palabras de la lista son sinónimos de estos dos conceptos: *amo o siervo*. Escriba su propia definición de estas palabras.

   Amo:

   Siervo:

6. ¿Qué cosa cambiaría, gracias a este estudio?

7. Escriba una oración a Dios pidiéndole que aumente su deseo de ser un siervo humilde. Sea honesto acerca de sus temores, de sus luchas o de lo que no entiende. Coméntele a Dios cualquier cosa que le preocupa o le entusiasma acerca del servicio.

UNA RESPUESTA PRÁCTICA

Estimulemos al siervo

¿A qué líder admira usted? Escriba una lista de las características del liderazgo de tal persona. Sin revelar el nombre del líder, lea la lista de atributos ante su grupo (o para sí mismo). Luego, considere cuáles de estas características representan las cualidades bíblicas de un líder. ¿Qué descubre usted en esta comparación? ¿Necesita ajustar su opinión acerca de lo que es un buen líder conforme a las Escrituras? En grupo, comenten las cualidades que debe reunir un líder bíblico. ¿Puede pensar en alguien que cumpla estas cualidades? Escriba una carta a esta persona, animándole en su función de liderazgo.

Próxima sesión: *El reino está abierto a todos.*

SESIÓN 6

Todos son bienvenidos

En las afueras de Dhaka, capital de Bangladesh, vive una comunidad de «intocables». Sus miembros pertenecen a la casta ínfima de la sociedad. Los llaman así para que la gente no se acerque a ellos. Son indigentes y sobreviven rebuscando comida en los vertederos. Fueron transportados de la India a Bangladesh por colonos británicos para trabajar como esclavos en la construcción de carreteras y ferrocarriles. Actualmente sobreviven barriendo las calles, limpiando retretes y recogiendo basura. Tienen una humilde escuela en la que únicamente se imparte el primer grado de educación elemental. En el aula hay niños de seis años mezclados con adolescentes. Algunas veces esta escuela recibe visitas de extranjeros y se les anima a hablar con ellos y a escucharlos, a relacionarse con los niños y a abrazarlos en señal de cariño. El contacto con estos extranjeros les expresa un poderoso mensaje; les dice que «son amados», que poseen un valor inmenso como personas y que no son intocables a los ojos de Dios.

En casi todos los países se margina y se trata a algunos grupos de personas como si fueran insignificantes. Estos individuos se sienten solos y faltos de esperanza. Sin embargo, nadie es despreciable en el reino de Dios. Todos son bienvenidos e importantes. Cualquiera puede ingresar en el reino de Dios.

En esta sesión exploraremos cómo el reino de Dios está abierto a todos.

PALABRAS CLAVES

Un lugar al cual pertenecer

Diversidad

La palabra *diversidad* alude a una realidad en la que coexisten cosas o cualidades distintas, dispares o disímiles. Lo opuesto a diversidad es *uniformidad.* Hay unidad y diversidad en la Trinidad, y toda la creación exhibe ambas cualidades. Por ejemplo, Dios creó dentro de la raza humana dos géneros —hombre y la mujer (esta es la diversidad); no obstante, ambos comparten por igual la imagen de Dios (esta es la unidad). La Sagrada Escritura enseña que Dios creó la diversidad intencionalmente y nos llama a regocijarnos, a apreciarla y a comprender el propósito de la diversidad en la creación.

Gentil

La palabra *gentil* (*«goy»* en hebreo) alude a todos los pueblos, excepto la nación de Israel, o el pueblo judío. A medida que los judíos fueron adoptando una actitud de superioridad como pueblo escogido de Dios, el término adquirió una connotación negativa y se usó con sentido despectivo.

Nación

En el Antiguo Testamento se emplea la palabra hebrea *mishpachah* para designar a una nación, la cual denota un grupo familiar, tribu o clan. El Nuevo Testamento emplea la palabra griega *ethnos* que hace referencia a una raza, pueblo, o grupo étnico. Es importante, al leer la Biblia, no confundir el significado moderno de nación, en el sentido de *nación-estado*. Por ejemplo, Etiopía es una *nación-estado*, pero alberga casi cien grupos étnicos o naciones.

VERSÍCULOS CLAVES

Somos uno en Cristo

> Todos ustedes son hijos de Dios mediante la fe en Cristo Jesús, porque todos los que han sido bautizados en Cristo se han revestido de Cristo. Ya no hay judío ni griego, esclavo ni libre, hombre ni mujer, sino que todos son uno solo en Cristo Jesús.
>
> —*Gálatas 3:26-28*

1. ¿Se ha sentido alguna vez excluido? En caso afirmativo, ¿cómo se sintió?

____

____

2. ¿Sobre qué base puede uno llegar a ser hijo de Dios?

____

____

3. Antes de ser adoptados como «hijos de Dios» mediante la fe en Cristo, ¿cómo era nuestra relación con Dios? Véase Efesios 2:11-12.

____

____

____

4. Según Gálatas 3:26-27 y 1 Corintios 12:12-13, ¿en qué han sido bautizados los cristianos?

5. ¿Cómo es que somos uno de los seguidores de Cristo? Véase 1 Corintios 12:12-27. ¿Hay alguno espiritualmente superior en el reino de Dios?

6. En el pasaje mencionado, ¿cree usted que Pablo pretende abolir toda diversidad humana, por ejemplo, entre grupos étnicos o sexos?

INTUICIONES BÍBLICAS

Derribemos el muro de hostilidad

El bien conocido versículo de Juan 3:16 nos invita a entrar en el reino de Dios. Dice así: «Porque tanto amó Dios al mundo, que dio a su Hijo unigénito, *para que todo el que cree en él no se pierda, sino que tenga vida eterna*» (cursiva del autor). Fíjese en la palabra todo. Todo el que quiere pertenecer a su reino puede acceder a él —ya sea rico o pobre, de clase baja o alta, de cualquier raza o nacionalidad.

Los pobres y los oprimidos acudían a Jesús. Los quebrantados de espíritu eran a él atraídos. Se dieron cuenta de que ellos estaban también incluidos.

Esta misma inclusión aparece en la invitación de Apocalipsis 22:17: *«El que tenga sed, venga; y el que quiera, tome gratuitamente del agua de la vida»* (cursiva del autor). Nuestro mundo está marcado por el espíritu tribal, el racismo y la opresión. Con todo, el reino de Dios se caracteriza por una política de puertas abiertas. Está abierto a cualquiera que ponga su fe en la persona y obra de Jesucristo y procure vivir fiel y obedien temente conforme a su enseñanza.

Dios creó la diversidad del mundo para que fuera respetada, aceptada y celebrada. Pero por causa de nuestra naturaleza caída, la diversidad se convirtió en una fuente de conflicto, envidia, odio y opresión. En los tiempos antiguos, algunos judíos oraban: «Señor, gracias porque no me has hecho gentil, esclavo, ni mujer».[1]

Pablo se pronunció directamente contra esta orgullosa superioridad declarando que para el seguidor de Cristo ya no existen tales distinciones de posición e importancia. Pablo no ataca la diversidad humana. En Cristo sigue habiendo distinción física entre los sexos y entre los grupos étnicos (1 Cor. 12:11-19). Hay distintas *funciones*, por ejemplo, para los maridos y sus mujeres (Efe. 5:21-33; Col. 3:18-20; 1 Ped. 3:1-7). Pero no hay distinción espiritual, ni barrera que haga a un grupo más digno o importante que otro. Pablo enfatiza la unidad que tienen todos los cristianos: «todos ustedes son uno solo en Cristo Jesús» (Gál. 3:28). Somos espiritualmente equivalentes. Podemos celebrar nuestra diversidad, nuestras funciones y dones únicos y también nuestra unidad espiritual. Francis Schaeffer, en su obra *No little people* (No hay personas inferiores), resume las relaciones entre cristianos de la siguiente manera:

> La relación básica entre cristianos no es entre anciano y pueblo o pastor y pueblo, sino entre hermanos y hermanas en Cristo. Esto denota que hay un padre en la familia y que sus descendientes son todos iguales. Hay distintas tareas a realizar y diferentes puestos a ocupar,

> pero como cristianos somos todos iguales ante un solo Maestro. No hemos de procurar grandes títulos, sino convivir como hermanos.[2]

Las Escrituras enseñan dos cosas al mismo tiempo: todas las personas son iguales y todas son distintas. Son iguales en el valor, pero distintos en función o responsabilidad. En el reino de Dios, las personas de toda raza, género y clase comparecerán hombro a hombro ante del trono de Jesús. En este sentido no habrá ni judío ni griego, libre ni esclavo, hombre ni mujer. Esta perspectiva del reino revoluciona las naciones que toca.

Ni judío ni esclavo

Es natural ensalzar la propia nación o grupo étnico e identificarse con él. Pero Satanás puede distorsionar este aprecio de tal manera que algunos grupos se sientan superiores y tengan a otros como inferiores. Esta distorsión atizó el movimiento nazi durante la Segunda Guerra Mundial y la matanza masiva de millones de judíos en los campos de concentración. Condujo a la esclavitud de generaciones de negros en los Estados Unidos y en muchos otros países. Esta misma distorsión está en la raíz de los conflictos tribales en África, causando derramamientos de sangre y pobreza. Y emerge en actos de terrorismo alrededor del mundo. El nacionalismo exacerbado cosecha separación, dolor y destrucción.

Esta falsa superioridad étnica surgió entre los judíos en los tiempos de Cristo. Un muro separaba *a los gentiles* de los atrios interiores del templo, reservados exclusivamente para los judíos. Ese muro representaba el *estatus privilegiado* de los judíos como *pueblo elegido* de Dios (Éxo. 19:5-6). Pero en una epístola a la iglesia de Éfeso, el apóstol Pablo reta la separación y la hostilidad entre los dos grupos. Dijo que Jesús había muerto en la cruz para derribar el muro de esa división:

> Porque Cristo es nuestra paz: de los dos pueblos ha hecho uno solo, derribando mediante su sacrificio el muro de enemistad que nos separaba, pues anuló la ley con sus mandamientos y requisitos. Esto lo hizo para crear en sí mismo de los dos pueblos una nueva humanidad al hacer la paz, para reconciliar con Dios a ambos en un solo cuerpo mediante la cruz, por la que dio muerte a la enemistad.
>
> —*Efesios 2:14-16*

Así queda demostrado que el reino de Dios no es propiedad exclusiva de ningún grupo étnico. Tampoco es un concepto exclusivamente occidental, como algunos creen hoy. (De hecho, surgió en el Oriente Medio y se extendió durante un periodo de tiempo relativamente corto a la India, norte de África y Europa.) En el reino de Dios, muchas personas de diverso origen étnico hallan *la unidad* en Cristo.

Ya no hay esclavo ni libre, hombre ni mujer

En donde existe la esclavitud, la humanidad se divide en *dueños y pertenecientes*. Los amos son los dueños y los esclavos son su propiedad. Los esclavos no tienen derechos sino que existen para cumplir la voluntad de sus amos.

La esclavitud fue común durante los tiempos bíblicos. Jesús y los apóstoles no la atacaron frontalmente, pero sus enseñanzas la socavaron de tal modo que en las sociedades donde el evangelio echó raíces (como en Inglaterra y América del Norte), la esclavitud como institución fue abolida.

Jesús y los apóstoles enseñaron que los esclavos y los amos eran iguales a los ojos de Dios. Ambos estamentos son esclavos sometidos a la autoridad de su Amo celestial (Efe. 6:5-9; Col. 3:22-4:1).

Cuando Pablo envió a Onésimo —el esclavo que había huido— a casa de su antiguo amo Filemón, le encargó que lo recibiera como a un hermano (File. 1-16). En la iglesia primitiva, cuando los esclavos y los amos se reunían para dar culto a Dios se saludaban unos a otros como hermanos en Cristo. La esclavitud no puede perdurar en una sociedad en la que la postura dominante es «no hay esclavo ni libre, inferior ni superior en el reino de Dios. Somos hermanos y hermanas en Cristo».

A través de la historia y en casi todas las culturas, los hombres han oprimido a las mujeres. La mentira satánica de que los hombres son superiores a las mujeres causa más pobreza y miseria que ninguna otra. Los historiadores han descubierto que en el mundo greco-romano, un gran porcentaje de niñas recién nacidas morían abandonadas.[3]

Por otra parte, algunos eruditos estiman que en la iglesia primitiva había un 60 por ciento de mujeres.[4] Lo más probable es que ellas amaban la iglesia porque sabían que en la fe de Cristo no había diferencia entre varón y mujer. Las mujeres gozaban de una posición notablemente más alta en la iglesia cristiana que en la cultura romana.

La iglesia cristiana cree en la igualdad de todos los individuos delante de Dios. A pesar del sometimiento no bíblico de pueblos y mujeres por parte de algunos cristianos a través de la historia, la iglesia ha promovido la dignidad de las mujeres y ha desempeñado un papel fundamental en la lucha contra la esclavitud y el prejuicio racial, conforme a la verdadera enseñanza de Cristo.

En una cultura sensiblemente influenciada por una concepción bíblica del mundo, el sometimiento forzado y la exclusión no pueden continuar. Por ejemplo, a pesar de que la esclavitud perduró en Norteamérica por más de doscientos años, siempre fue una cuestión controvertida en toda la nación. Aunque algunos americanos utilizaron la Biblia equivocadamente para justificar la esclavitud, los cristianos que entendían la verdadera enseñanza de Cristo lideraron campañas de abolición de la misma, apoyados en principios bíblicos auténticos.

Por último, la indigna institución de la esclavitud —incompatible con una concepción bíblica del mundo y con todos los fundamentos de la nación norteamericana —condujo a la guerra civil que trajo la liberación de los esclavos y la abolición de la esclavitud.

No más intocables

El reino de Dios está abierto a todos. En él tienen cabida todas las naciones, grupos étnicos, sexos, niveles de autoridad, niños (Mat. 19:14), discapacitados físicos (Luc. 5:17-20), e «intocables» para las casta dominantes (Luc. 5:12-14). Cualquiera es bienvenido al reino de Dios.

Como seguidores de Jesucristo, nuestras vidas han de reflejar esta apertura a todos, sin distinción de raza, clase social o género. Podemos traspasar los «muros hostiles de la separación» (Efe. 2:14) y extender el amor de Cristo a todos —aunque ello signifique contravenir las normas prevalecientes de una sociedad. Al aceptar y amar a todas las personas, el reino invisible de Dios se hace visible en la tierra. Actuamos como «sal» y «luz» en un mundo decadente y tenebroso (Mat. 5:13-16).

PREGUNTAS DE DESCUBRIMIENTO

Abramos las puertas del reino

Las puertas del reino están abiertas de par en par a todo aquel que necesite la gracia y el amor de Dios. Se invita a todos a cruzar por sus puertas con gozo y confianza. Examine los siguientes versículos para descubrir este plan de *puertas abiertas* a toda clase de personas.

1. Lea los siguientes pasajes y exponga la fuente de la igualdad ante Dios de todos los seres humanos y los creyentes en Cristo.

   Génesis 1:26-27

   Éxodo 23:9; Efesios 2:11-13

   Mateo 23:8

2. Lea ahora el episodio del apóstol Pedro y Cornelio en Hechos 10. ¿Qué mandó Dios hacer a Pedro (vs. 19-20)? ¿Por qué tenía él dudas para obedecer (vs. 28)?

3. ¿A qué conclusión llegó Pedro como resultado de la conversión de Cornelio (vs. 34-35)?

4. Repase el episodio de Jesús y la mujer en el pozo, en Juan 4:1-26. ¿Por qué se sorprendió tanto la mujer cuando Jesús le pidió agua para beber (vs. 9)?

5. De estas historias, ¿qué se puede concluir acerca de la actitud de Jesús hacia las mujeres y los gentiles?

6. ¿Cómo respondieron los seguidores de Jesús al mendigo ciego en Lucas 18:35-43? ¿Cómo respondió Jesús?

7. ¿Qué enseña el episodio del mendigo ciego sobre el reino de Dios?

8. ¿Qué instrucciones da Pablo a los esclavos y a sus amos?, en Efesios 6:5-9 y Colosenses 3:22-4:1. ¿Cómo aporta su enseñanza dignidad a los esclavos al tiempo que socava la institución de la esclavitud?

9. Lea Santiago 2:1-9. ¿Hacia quién no debemos mostrar favoritismo? ¿Por qué no (vs. 8-9)?

PUNTOS PARA RECORDAR

El gozo de la diversidad

1. En el reino de Dios, todos los seguidores de Cristo sin distinción de grupo étnico, sexo o clase social, son iguales.
2. Los esclavos y los amos son iguales a los ojos de Dios, ya que ambos estamentos están bajo la autoridad de su Amo celestial.
3. Jesús trató a las mujeres con dignidad y respeto. Los hombres y las mujeres son iguales en el reino de Dios.
4. El reino de Dios está también abierto a los niños, a los físicamente disminuidos, a los considerados intocables por la sociedad, y a cualquier persona. No hay nadie inferior.
5. En el reino de Dios se estima y se celebra la diversidad.

PENSAMIENTOS FINALES

Todos son bienvenidos

En esta sesión hemos descubierto que el reino de Dios está abierto a cualquiera que necesite la gracia y el amor de Dios. Como ciudadanos del reino de Dios y seguidores de Jesús debemos amar y aceptar a todas las personas. El apóstol Juan lo expresa claramente: «Nosotros amamos a Dios porque él nos amó primero.

Si alguien afirma: Yo amo a Dios, pero odia a su hermano, es un mentiroso; pues el que no ama a su hermano, a quien ha visto, no puede amar a Dios, a quien no ha visto. Y él nos ha dado este mandamiento: el que ama a Dios, ame también a su hermano» (1 Juan 4:19-21).

Como creyentes, hemos sido llamados a seguir a Cristo amando a los demás, ya se parezcan a nosotros o sean diferentes. La Sagrada Escritura nos enseña a celebrar la diversidad entre grupos étnicos, sexos (masculino y femenino), dones espirituales y funciones bíblicamente definidas.

No obstante, aunque Dios nos manda amar a nuestro *prójimo*, no nos enseña a celebrar y aceptar toda *conducta* como igualmente buena. Hemos de aborrecer el pecado (Sal. 97:10) y ayudar compasivamente a nuestro prójimo a escapar del pecado (Lev. 19:17).

En sus epístolas a las primeras iglesias, Pablo advierte repetidamente contra la adoración a los ídolos, la inmoralidad sexual, la homosexualidad, la murmuración, la difamación, la envidia, la mentira, el orgullo, la desobediencia para con los padres, y muchos otros pecados que perjudican nuestra relación con nosotros mismos, con otros, con la creación y con Dios (Rom. 1:16-32; Col. 3:8; Gál. 5:19-21).

Paralelamente, Juan escribe: «¿Cómo sabemos si hemos llegado a conocer a Dios? Porque obedecemos sus mandamientos. El que afirma que le conoce pero no obedece sus mandamientos es un mentiroso y no tiene la verdad. En cambio, el amor de Dios se manifiesta plenamente en la vida del que obedece su palabra. De este modo sabemos que estamos unidos a él: el que afirma que permanece en él, debe vivir como él vivió» (1 Juan 2:3-6).

La Escritura nos enseña claramente a aborrecer el pecado y a amar a los pecadores. ¿A dónde pueden escapar los pecadores si no es al reino de Dios? Juan escribe: «Mis queridos hijos, les escribo estas cosas para que no pequen. Pero si alguno peca, tenemos ante el Padre a un intercesor, a Jesucristo, el Justo. Él es el sacrificio por el perdón de nuestros pecados, y no sólo por los nuestros sino por los de todo el mundo» (1 Juan 2:1-2).

Dios llama a los arrepentidos a su reino —judíos y griegos, esclavos y libres, hombres y mujeres—. En él, las familias, las comunidades y las naciones serán transformadas y sanadas.

APLICACIÓN PERSONAL

Rectifiquemos nuestras actitudes

Use estas preguntas finales para evaluar sus actitudes y la inclusión de otros en su vida, su iglesia y su cultura. Sus respuestas pueden sorprenderle.

1. ¿Hay en su cultura grupos raciales o étnicos discriminados socialmente o víctimas de prejuicios? Si es así, ¿quiénes son? ¿Qué nombres, etiquetas, anécdotas o chistes se cuentan de estos grupos para reforzar una actitud de superioridad?

2. ¿Hay este mismo prejuicio racial/étnico en su iglesia o en otras iglesias, en esta sociedad? Si es así, ¿cómo se expresa? Si no, ¿cómo se ha vencido este prejuicio?

3. ¿Cómo conceptúa usted a la gente que pertenece a otros grupos raciales o étnicos? Tómese tiempo para considerar

esto en oración, y pida a Dios que le revele todo prejuicio enmascarado.

4. ¿Qué concepto suelen tener los hombres de las mujeres y cómo las tratan en su cultura? ¿Qué nombres, etiquetas, palabras, anécdotas o chistes cuentan los hombres para reforzar este concepto?

5. ¿Se tiene también este mismo concepto de las mujeres en su iglesia? Si es así, ¿cómo se expresa? ¿Qué tiene que ver este concepto con el concepto bíblico que examinamos en esta sesión?

6. ¿Qué concepto tiene usted del sexo opuesto? Si es hombre, ¿qué actitudes de superioridad mantiene usted sobre las mujeres? Si es mujer, ¿qué resentimientos alberga contra los hombres? Tómese tiempo para considerar en oración sus actitudes y acciones, y pida a Dios que le revele todo prejuicio oculto.

7. ¿Quiénes son los «intocables» en su sociedad? Piense en esos grupos que tienden a ser «mantenidos al margen» del público general. Pueden servir como ejemplo un grupo étnico, una clase de persona, los disminuidos mentales o los ancianos…

8. ¿Expresa usted el amor de Dios a esas personas? En caso afirmativo, ¿cómo? En caso negativo, ¿por qué no?

9. ¿Qué hace su iglesia para alcanzar a esos grupos? Si no hace nada, ¿qué obstáculos impiden que se les alcance?

10. ¿Qué conclusiones generales puede sacar en cuanto a usted, su iglesia y su cultura respecto a los prejuicios hacia ciertos grupos? Exponga cuál es su sentir acerca de estas actitudes.

Usted:

Su iglesia:

Su cultura:

12. ¿Qué cosa haría de otra manera gracias a este estudio?

UNA RESPUESTA PRÁCTICA

Abra las puertas de su iglesia

Durante esta semana, piense en la iglesia en donde usted da culto a Dios. ¿Cómo practica la inclusión de gente diferente? ¿Cómo deja de practicarla? Señale una cosa que usted podría hacer para animar a su iglesia (amable y respetuosamente) para «dar la bienvenida a todos». Comparta su experiencia con el grupo.

Próxima sesión: *Propaguemos el reino de Dios.*

SESIÓN 7

El avance del reino de Dios

Para mucha gente, San Patricio es una figura mítica como Santa Claus. En Irlanda y otros países, el día de San Patricio se celebra con la llegada de la primavera y la gente se viste de color verde para preservar la tradición. Pero, ¿realmente existió un San Patricio cuya profunda fe en Dios transformó a Irlanda?

Patricio nació alrededor del año 390 d.C., en el seno de una familia cristiana de clase media, en la Inglaterra romana. Cuando era adolescente, una banda de salteadores irlandeses atacó su hogar. Patricio fue capturado, llevado a Irlanda y vendido a un terrateniente irlandés como esclavo. Durante su solitaria existencia en Irlanda comenzó a orar. En sus confesiones escribió: «Yo oraba constantemente durante las horas del día y... el amor de Dios...me cubrió cada vez más»[1] La vida de Patricio fue transformada gracias a su fe en Cristo. Después escapó, regresó a Inglaterra, fue ordenado sacerdote y llegó a ser obispo.

Treinta años después de su huida, Patricio sintió que Dios le llamaba a volver como misionero a Irlanda.

Los irlandeses del siglo V tenían fama en toda Europa de ser, por regla general, un pueblo violento y bárbaro. Solían practicar sacrificios humanos.

Al regresar a Irlanda, Patricio era consciente del peligro que corría. En aquella época escribió: «Estoy listo para ser asesinado, traicionado, esclavizado —cualquier cosa que me sobrevenga—. Pero no temo semejantes atrocidades porque he recibido promesas del cielo y me he puesto en las manos del Dios Todopoderoso».[2]

Thomas Cahill relató la vida misionera de Patricio en su libro titulado *Cómo salvaron los irlandeses la civilización*. Allí escribió lo siguiente: «Patricio entregó 30 años de su vida a estos hijos de la guerra para que ellos pudieran asir el reino sempiterno con toda la energía e intensidad que habían dedicado a esclavizarse unos a otros y a adueñarse de reinos ajenos».[3] Su amor por los irlandeses «resplandece en sus escritos... Se preocupó constantemente por su pueblo, y no sólo de su paz espiritual sino de su bienestar físico».[4]

> La obra misionera de Patricio superó con creces sus sueños. El número de irlandeses que entregaron su vida a Cristo por causa de su testimonio fue incontable. En consecuencia, la sociedad irlandesa sufrió una gran transformación. Cahill lo explica de la siguiente manera:«Mientras aún vivía, o poco después de su muerte, el comercio de esclavos en Irlanda tocó a su fin, y otras formas de violencia como el asesinato y las luchas entre tribus decrecieron. Sus discípulos vivieron fielmente para Cristo y enseñaron a los irlandeses que las

> virtudes de la fidelidad duradera, el coraje y la generosidad estaban al alcance de seres humanos comunes y que la espada no era el único instrumento capaz de estructurar una sociedad.[5]

En los últimos años de su vida, Patricio vio una Irlanda transformada gracias a su obediencia al llamado de Dios, a su sacrificado amor por los irlandeses y al poder sobrenatural de la palabra de Dios. Mediante la obediencia de una sola persona, en un periodo de tiempo relativamente corto, Dios es capaz de propagar ampliamente su reino y transformar toda una cultura. Incluso, una cultura tan sanguinaria y belicosa como la irlandesa del siglo V.

En esta sesión examinaremos cómo puede el reino de Dios avanzar en cualquier cultura.

PALABRAS CLAVES

Transformemos la cultura

Cultura

La palabra *cultura* deriva del vocablo latino *cultus* del que tambien procede la palabra *culto* «Culto» significa también un conjunto de actos y manifestaciones de creencias religiosas. Partiendo de esta definición, una *cultura* es un modelo particular de pensamiento basado en convicciones profundas acerca de la naturaleza de la realidad. Este modelo, arraigado en las creencias religiosas, pasa de una generación a otra. Este es el sentido que suele darse a la palabra «cultura» cuando se habla, por ejemplo, de la cultura japonesa, o latina, etc. Las culturas cambian con el tiempo como cambian las creencias religiosas que las sustentan.

Sociedad

La palabra sociedad puede definirse en forma similar. Una sociedad es una comunidad extensa de personas —e igualmente una nación— en la que una mayoría comparte el mismo propósito, las tradiciones y los supuestos básicos acerca de la realidad y ciertos modelos de comportamiento.

Regeneración

Regeneración significa literalmente un «nuevo nacimiento» o profunda transformación del ser. En el Nuevo Testamento, la regeneración designa el paso de la muerte a la vida (1 Juan 3:14), para llegar a ser una nueva criatura en Cristo Jesús (2 Cor. 5:17) y «nacer de nuevo» (Juan 3:3), expresión que empleó Jesús. La *regeneración* es un cambio propiciado por el Espíritu Santo y significa el paso de la muerte espiritual a la vida en Cristo (Efe. 2:1-10).

VERSÍCULOS CLAVES

El grano de mostaza y la levadura

> [Jesús] Les contó otra parábola: «El reino de los cielos es como un grano de mostaza que un hombre sembró en su campo. Aunque es la más pequeña de todas las semillas, cuando crece es la más grande de las hortalizas y se convierte en árbol, de modo que vienen las aves y anidan en sus ramas». Les contó otra parábola más: «El reino de los cielos es como la levadura que una mujer tomó y mezcló en una gran cantidad de harina, hasta que fermentó toda la masa».
>
> —*Mateo 13:31-33*

1. ¿Por qué escogió Jesús el grano de mostaza para describir cómo crece y avanza el reino de Dios (o «reino de los cielos»)?

2. ¿Qué representa en esta parábola el grano de mostaza? ¿Qué representa la planta de mostaza?

3. Lea 1 Corintios 3:6. ¿Qué nuevo elemento proporciona este versículo acerca de la parábola del grano de mostaza?

4. Considere la parábola de la levadura. ¿Cómo afecta la levadura a la masa? ¿Cuánta levadura hace falta para hacer una hogaza de pan?

5. Jesús contó la parábola de la levadura y la masa para ayudarnos a entender el reino de Dios. ¿Qué cree usted que representa la levadura? ¿Qué podría representar la masa?

INTUICIONES BÍBLICAS

Avancemos desde dentro

Jesús presentó el reino de Dios como una realidad que se aproximaba (Mat. 6:9-10) o avanzaba. En Mateo 11:12 dice a sus discípulos: «Desde los días de Juan el Bautista hasta ahora, el reino de los cielos ha venido avanzando contra viento y marea, y los que se esfuerzan, logran aferrarse a él». Jesús describió el reino como una realidad móvil y progresiva, como un ejército que avanza conquistando territorios y haciendo retroceder al enemigo.

Aunque los métodos y las armas son muy diferentes, la historia de la conquista de Canaán —registrada en el Antiguo Testamento en el libro de Josué— proporciona una analogía del avance del reino de Dios en nuestro tiempo. En esta historia, el pueblo escogido de Dios son los hijos de Israel. Dios es su gobernador absoluto y Josué su comandante general (Deut. 31:14, 23).

El pueblo escogido de Dios abarca hoy el cuerpo de Cristo extendido por todo el mundo, o sea la iglesia (1 Ped. 2:9). Como con Israel, la iglesia existe bajo la autoridad de Dios, pero Jesús comanda las tropas (Apo. 19:11-16).

En el Antiguo Testamento, el objeto de la conquista era la tierra prometida de Canaán. ¡La tierra prometida es hoy el mundo entero! La iglesia ha sido llamada a filas para comprometerse en una campaña transformadora del mundo cuya meta final es establecer el reino de Dios en la tierra así como está establecido en el cielo (Mat. 6:10). En la historia del Antiguo Testamento, Dios aseguró a su pueblo la victoria definitiva. Prometió a Abraham —padre de la nación de Israel— que algún día sus descendientes heredarían la tierra de Canaán (Gén. 15). Dios reiteró esta promesa a Josué varias generaciones más tarde, en vísperas de la invasión (Jos. 1:1-5). Aunque Dios aseguró a Josué y a su pueblo que era suya la victoria definitiva, ellos aún tenían que afirmarse a sí mismos, Debían asir sus armas y con el poder y la energía suplidos por Dios ocupar la tierra por la fuerza. Tenían que esforzarse por la victoria. Hoy, Dios ha prometido a Jesús —nuestro comandante general— la victoria definitiva (Sal. 2:6-9). No obstante, al igual que los hijos de Israel, la iglesia debe involucrarse activamente en el avance del reino de Dios. No podemos permanecer sentados e inactivos esperando que Dios cumpla su promesa. Debemos actuar estratégicamente y trabajar con la fuerza de Dios. Debemos participar en la batalla, servir y trabajar humildemente, y seguir fielmente el ejemplo que el propio Jesús nos dio.

Las armas del progreso

Durante la conquista de Canaán, los guerreros lucharon con espadas, lanzas y arietes. Pero nuestras armas son espirituales y no pertenecen al ámbito físico. El apóstol Pablo escribió: «Las armas con que luchamos no son del mundo, sino que tienen el poder divino para derribar fortalezas (2 Cor. 10:4).

A lo largo de la historia de la iglesia, mucha gente ha intentado propagar el reino apoyándose enteramente en sus esfuerzos, en su sabiduría y en métodos humanos. En algunos casos han convocado a la acción social. Aunque los cristianos deben comprometerse en el terreno social, ninguna de esas actividades —por si misma— hará avanzar el reino de Dios. Algunos creyentes han abogado por revoluciones violentas pero sabemos que no hay espacio para la violencia física en el progreso del reino. Cristo desarmó a la iglesia en Getsemaní (Mat. 26:52). Pero cuando dijo: «No vine a traer paz sino espada» (Mat. 10:34), les estaba advirtiendo a sus discípulos que el mundo no aceptaría fácilmente su mensaje; no estaba recomendando el derramamiento de sangre.

Hoy decimos figurativamente que el reino avanza con la espada de la palabra de Dios (Efe. 6:17). La palabra de Dios es un arma mucho más poderosa que una espada real porque mueve el poder de Dios para transformar el corazón del hombre. La palabra de Dios es «viva y poderosa, y más cortante que cualquier espada de dos filos» (Heb. 4:12, RV). Si bien, la palabra de Dios nos informa que las autoridades civiles pueden «portar espada» (Rom. 13:4), este permiso no es para la iglesia en su esfuerzo por extender el reino. En vez de ello, la iglesia extiende el reino de Dios utilizando armaduras y armas espirituales (Efe. 6:10-18). Nuestro gran enemigo es Satanás, no la «carne ni la sangre» (Efe. 6:12). Nosotros seguimos a nuestro comandante victorioso y entramos en la batalla animados por su fuerza, no por las nuestras (Apo. 19:11-16; 2 Cor. 12:9-10). Avanzamos apoyados en la oración humilde, sacrificándolo todo, incluidas nuestras vidas si fuere necesario. El reino de Dios avanza «no con ejército, ni con fuerza, sino con mi Espíritu» (Zac. 4:6). La humanidad quiere conquistar el mundo por la fuerza, la violencia y la espada. El ejército del reino sigue al Rey en la batalla y avanza sobre sus rodillas mediante la oración y la acción leal.

Avancemos desde adentro

Los reinos del mundo suelen expandir sus territorios mediante la lucha y el dominio. Procuran transformar el mundo a través de revoluciones sangrientas y la imposición de nuevas leyes, normas y cambios sociales. Al contrario, el reino de Dios avanza desde adentro de cada persona. En el reino de Dios la transformación global comienza interiormente, mediante la regeneración espiritual de los individuos. En Juan 3:3 Jesús proclama: «De veras te aseguro que quien no nazca de agua y del Espíritu, no puede ver el reino de Dios» Las personas necesitan —una por una— ser rescatadas del reino de las tinieblas y ser introducidas en el reino de Dios (Col. 1:13).

En un artículo titulado «Como hacer olas», el pastor Grover Gunn explica la cultura como «una serie de círculos concéntricos cuyo epicentro es el corazón del individuo. Los círculos se van sucediendo en forma concéntrica en este orden: la familia, la iglesia y el mundo».[6] Cada uno de estos grupos (círculos) puede ayudar al avance del reino de Dios si ha sido antes transformado por dentro.

Transformemos el individuo

«La ley de Dios debe estar inscrita en el corazón del individuo y después en las tablas de piedra de las instituciones sociales», dice el pastor Gunn.[7] En la conquista de Canaán, la primera batalla comenzó contra la ciudad firmemente fortificada de Jericó. La semejanza en el Nuevo Testamento es la batalla por la trasformación del corazón humano. Jesucristo «invade el corazón humano y destruye la naturaleza pecaminosa, esa inclinación interior a hacer el mal».[8] Hasta cuando esta batalla crítica no se gane no se producirá el avance real.

Jericó tenía unas murallas altas e impenetrables; lo mismo ocurre con el corazón humano. Hace falta la intervención directa y sobrenatural de Dios para destruir esas murallas interiores y subyugar el corazón. Cualquier intento de extender el reino de Dios sin antes tratar con el corazón pecaminoso fracasará. La iglesia debe mantener el celo de compartir el evangelio y ofrecer vida eterna a través de la salvación de Cristo a toda persona y en todo lugar.

«Nuestra principal herramienta para transformar el mundo es la proclamación del mensaje del Evangelio de Jesús en palabra y obra... No debemos poner hoy en duda la eficacia del mensaje del Evangelio y su filo cortante para promover un cambio social positivo».[9]

Una vez que el individuo es regenerado por el poder del Espíritu Santo debe enrolarse en la «escuela bíblica» de Dios.[10] Entonces se arrepiente (es decir, cambia literalmente de mentalidad) de la «vana y engañosa filosofía que siguen las tradiciones humanas...de acuerdo con los principios de este mundo y no conforme a Cristo» (Col. 2:8). Ha de entregar su vida entera al servicio de Cristo y su reino. Ya no debe amoldarse al mundo actual sino transformarse mediante la renovación de su mente (Rom. 12:2). Aunque el advenimiento del reino de Dios comienza con la regeneración del individuo, ciertamente no termina ahí. Muchos cristianos apasionados por la evangelización, la misión y la iniciación de iglesias han olvidado esta importante verdad. El reino de Dios es más que salvar almas para el cielo y comenzar iglesias. «Toda la tierra pertenece por derecho a Jesús y le debe sumisión y lealtad».[11] El reino de Dios no sólo ha de impactar la vida sino también la sociedad.

Comencemos con la familia

La familia es la unidad social básica de toda sociedad. Por esta razón debe ser la primera unidad impactada por el reino de Dios. Una vez que las personas experimentan la transformación de la mente y el corazón, sus familias deben vivir la escala de valores al derecho (no invertida) del reino de Dios.

La familia ejerce la función de «reino microcósmico de Dios».[12] La función de marido y esposa, hijo, padre o abuelo, debe alinearse con la intención revelada por Dios. El padre, como cabeza de familia, declarará junto con Josué: «Por mi parte, mi familia y yo serviremos al Señor» (Josué 24:15).

Movilicemos la iglesia

La iglesia es la comunidad elegida por Dios para extender su reino en la tierra. «La tarea de la iglesia es hacer visible el reino invisible mediante una vida cristiana fiel y de testimonio. El evangelio de Cristo es el evangelio del reino, y la iglesia [además de predicar el evangelio] debe también hacer que su mensaje sea creíble, manifestando la realidad de la vida del reino».[13]

La iglesia es el lugar en donde el reino de Dios se materializa en la tierra de una manera particular y condensada. La iglesia es la embajada del reino de Dios en la tierra y los seguidores de Cristo han de ser «embajadores» del reino (2 Cor. 5:20). La iglesia es responsable de proclamar el evangelio e instruir a los nuevos creyentes. Tiene también la responsabilidad de «preparar al pueblo de Dios para el servicio» (Efe. 4:12) y trabajar por la transformación social y cultural.

Afectemos al mundo

Los individuos y familias transformados propagan el reino de Dios a medida que la iglesia lleva la palabra de Dios a todas las naciones y a todas las esferas de la sociedad. Como creyentes, nuestro «compromiso específico con el mundo será determinado en gran medida por nuestro llamado o vocación en la vida. Todo cristiano debe examinarse a sí mismo para descubrir los dones que Dios le ha concedido y considerar las oportunidades que Dios le da para desarrollar tales dones y ejercitarlos.»[14] Muchos cristianos serán llamados a propagar el reino de Dios en pequeños escenarios donde ejerzan algún tipo de influencia. Siempre pueden actuar al máximo de sus capacidades para la gloria de Dios.

Según el pastor Gunn, hay distintas áreas vocacionales que ofrecen oportunidades únicas para el avance del reino de Dios. Los cristianos que trabajan en la política y en el poder legislativo pueden reconocer y realzar la autoridad suprema de Dios y sus leyes. Los empresarios y hombres de negocios cristianos pueden trabajar con honestidad e integridad. Los médicos cristianos pueden respetar la inviolabilidad de la vida humana. Los artistas cristianos pueden reflejar la naturaleza de Dios, la gloria y la belleza de su creación, aprovechando su creatividad. Los científicos cristianos pueden procurar entender el designio y el propósito manifiesto en el orden establecido por Dios y desarrollar algunas invenciones que nos ayuden a paliar el hambre y la enfermedad.

Los cristianos deben ser ciudadanos cabales que buscan oportunidades para liderar en la comunidad y en sus puestos de trabajo. Algunos cristianos llevarán a cabo reformas institucionales dentro de su campo profesional —reformas que se ajustan a la verdad bíblica—. Otros responderán al llamado de Dios de confrontar el mal que se ha institucionalizado en sus propias culturas. En todos estos casos, las actividades del cristiano deben estar conectadas con el mensaje y el poder del evangelio para impulsar el avance del reino desde adentro. [15]

PREGUNTAS DE DESCUBRIMIENTO

Nuestro rey batallador

¿Puede imaginarse a Cristo como un poderoso guerrero que guía a sus tropas a la batalla? Tal vez los siguientes versículos le estimulen a la batalla espiritual, en pos del *rey batallador*.

1. Apocalipsis 19:11-16 presenta una imagen contundente y conmovedora de nuestro rey y comandante general, Jesucristo. ¿Qué imagen global de Jesús ofrece este pasaje? ¿Qué hace él?

____

____

____

2. «Le siguen los ejércitos del cielo... vestidos de lino fino, blanco y limpio» (vs. 14). Lea Apocalipsis 19:6-8. ¿Qué representa el lino fino?

3. «De su boca sale una espada afilada, con la que herirá a las naciones» (vs. 15). Según Hebreos 4:11-13, ¿qué representa la «espada afilada»?

4. Lea el Salmo 2. ¿Qué promete el Padre al Hijo en los versículos 7 y 8?

5. Lea Mateo 28:18-19. ¿Qué función nos corresponde para asegurar el cumplimiento de la promesa del Salmo 2? ¿Cuáles son las tres cosas se nos manda hacer?

6. Mientras procuramos el avance del reino de Dios, debemos revestirnos con la armadura del soldado y echar mano de las armas espirituales adecuadas. Lea Efesios 6:10-18. ¿Contra quién es nuestra batalla?

7. En el pasaje de Efesios, ¿cuáles son los elementos de la armadura espiritual? ¿Qué representa cada uno de ellos?

8. Si el corazón del hombre no experimenta una transformación, no habrá avance posible en el reino y todo su esfuerzo se verá abocado al fracaso.

9. ¿Por qué el avance del reino de Dios debe estar motivado por corazones transformados para poder impactar al resto de la creación? Véase Colosenses 1:18-20 y Romanos 8:19-22.

PUNTOS PARA RECORDAR

Adelante, paso a paso

1. La iglesia debe estar activamente implicada en el avance del reino.
2. Hacemos avanzar el reino de Dios con la espada espiritual, la palabra de Dios.
3. El reino de Dios avanza desde adentro. Comienza interiormente, mediante la regeneración espiritual de cada individuo.
4. La familia es la unidad social básica a través de la cual avanza el reino de Dios.

5. La iglesia es la comunidad elegida, escogida y capacitada por Dios para extender su reino en la tierra.
6. El reino avanza a medida que la iglesia lleva la palabra de Dios a todas las naciones y esferas de la sociedad.
7. Para los creyentes, nuestro compromiso está determinado por nuestra vocación o llamado específico.

PENSAMIENTOS FINALES

Ahora, aunque todavía no...

Al procurar el avance del reino de Dios en la tierra es importante recordar una verdad: El reino no vendrá en su plenitud hasta cuando el rey retorne. Como lo describe el teólogo J. I. Packer: «El reino es presente en sus comienzos pero futuro en su plenitud; en un sentido ya está aquí, pero en el sentido más pleno está aún por llegar» (Luc. 11:20; 16:16; 22:16).[16]

Como siervos del rey, dedicamos nuestros dones, talentos y recursos para el avance del reino de Dios hasta cuando Cristo vuelva. No hemos de permanecer ociosos y esperar que regrese con su reino (Luc. 19:11-13). Dios prometió pleno éxito a nuestro comandante en la batalla por la conquista del reino. Debemos seguirle en el combate.

APLICACIÓN PERSONAL

Todo por Jesús

Dios desea usarle para el avance de su reino. Piense cómo puede deshacer algunos obstáculos personales y alistarse en la batalla espiritual del rey.

1. «Más bien busquen primeramente el reino de Dios y su justicia» (Mat. 6:33). Considere su propia vida a la luz de este versículo. ¿Está buscando primeramente su reino en su

vida? Si es así, ¿cómo lo sabe? Si no, ¿cómo se siente al respecto?

2. «También se parece el reino de los cielos a un comerciante que andaba buscando perlas finas. Cuando encontró una de gran valor, fue y vendió todo lo que tenía y la compró» (Mat. 13:45-46). En su vida, ¿qué significa «venderlo todo» para adquirir el reino? ¿A qué se sigue aferrando usted?

3. Considere su familia. Ya esté soltero o casado, exponga brevemente cómo su familia puede ayudar al avance del reino de Dios.

4. Medite en su vocación. ¿La considera como un instrumento para el avance del reino de Dios? En caso afirmativo, ¿cómo? En caso negativo, ¿qué obstáculos tiene que vencer?

5. Escriba una breve declaración acerca de cómo puede hacer avanzar el reino de Dios valiéndose de su vocación.

____

____

____

6. ¿Qué cosa haría de otra manera gracias a este estudio?

____

____

____

UNA RESPUESTA PRÁCTICA

Pongámoslo en práctica.

¿Cómo puede usted hacer avanzar el reino de Dios? Considere un lugar en su comunidad que necesite un avance radical del reino. Emprenda alguna o todas las acciones que hagan falta para entronizar a Cristo y su reino en donde reine Satanás.

1. Ore por ese lugar todos los días de esta semana, pida a Dios que derribe las fortalezas espirituales y que le revele cómo puede hacer avanzar el reino de Dios en esa ubicación.
2. Identifique una acción que pueda emprender para impulsar el reino de Dios en ese lugar con compasión y humildad. Hágalo.
3. Busque quién podría acompañarlo para hacer avanzar el reino en ese lugar durante el próximo año. Organice un grupo para la acción. Recuerde seguir orando y reflejar el carácter de Cristo en cualquier cosa que haga.

Próxima sesión: *El reino de Dios es absolutamente inconmovible.*

SESIÓN 8

El reino inconmovible

El reino de Dios avanza hoy en una pequeña localidad rural de China, donde una familia estadounidense rescata niños encerrados en la «cámara mortuoria» de un orfanato. Debido a la política del gobierno de permitir un solo niño por familia, los orfanatos están abarrotados de niñas abandonadas. Si las familias chinas sólo pueden criar un solo hijo, muchas prefieren que el heredero sea varón. En consecuencia, las niñas pasan a ser «criaturas de desecho». No tienen nombre ni pasado, ni partida de nacimiento. Cuando los orfanatos están demasiado llenos, a los niños más débiles se les deja morir en las cámaras mortuorias, sentados en banquetas, en la oscuridad, demasiado débiles para llorar.

Estos orfanatos no cuentan con personal suficiente y emplean principalmente a mujeres jóvenes que a su vez fueron abandonadas. Como estas mujeres nunca recibieron amor ni atención, no saben cuidar a los huérfanos. Por eso, esta familia cristiana de Norteamérica visita el orfanato todos los días para cuidar a los niños. En varias ocasiones la familia ha abierto su hogar a niños heridos y los ha atendido hasta lograr su recuperación. También han atendido amorosamente a niños moribundos y han animado a los cristianos chinos a unirse a este ministerio de compasión. Muchas familias chinas han respondido. Algunas incluso han adoptado niños.

El mundo no ha tenido noticias del ministerio cristiano de esta familia. Probablemente sus miembros nunca aparezcan en los titulares del *New York Times* ni sus vidas sean llevadas al cine. Con todo, el reino de Dios avanza amorosamente en China a través del servicio de esta familia estadounidense.

En esta sesión estudiaremos cómo el reino de Dios y el reino de las tinieblas coexisten. Los dos avanzan al mismo tiempo. La obra de Satanás ocupa los titulares de los periódicos y nos llama la atención. Pero el reino de Dios avanza de manera callada, imperceptible. Sin embargo, el autor de la epístola a los Hebreos asegura que un día habrá una terrible «conmoción». Cuando sea destruido, el reino de Satanás yacerá en ruinas y únicamente permanecerá el reino verdadero (Heb. 12:26-29). El reino de Dios es inconmovible.

PALABRAS CLAVES

La obra de falsificación de Satanás

Falsificación

Una *falsificación* es una imitación de un original, hecha sin autorización o permiso. Por esta causa, la falsificación engaña y defrauda, pues se hace pasar por *original*. El ejemplo más corriente es el dinero falso. En la esfera espiritual, los tejemanejes de Satanás en este mundo son una *falsificación* de la obra de Dios. La Escritura dice de Satanás: «es un mentiroso. ¡Es el padre de la mentira!» (Juan 8:44). Recurre al engaño y se hace pasar por «ángel de luz» (2 Cor. 11:14) para disfrazar su obra maligna y aparentar que es buena.

Satanás

Este personaje nefasto aparece en la Biblia como una criatura angélica que se rebela abiertamente contra Dios y guía a otros ángeles caídos en este conflicto. Es el archienemigo de Dios, de Cristo y del reino. La Escritura lo designa con los nombres de «el adversario» (Job 1:6-12), «el diablo» (Mat. 4:1), «el gran dragón» (Apo. 12:9), «la serpiente antigua» (Apo. 20:2), «el príncipe de este mundo» (Juan 12:31), y «el dios de este mundo» (2 Cor. 4:4).

Satanás es una criatura. Es más fuerte que los hombres pero no es divino. No tiene más poder que el que Dios le permite tener, pero nosotros podemos acceder al poder celestial y a las armas espirituales para combatirle (Efe. 6:10-18). Satanás es nuestro enemigo ya derrotado. Cristo triunfó sobre él en la cruz (Col. 2:15). Aunque Satanás prosiga su misión destructiva, en el fondo es un enemigo derrotado y destinado a la muerte eterna (Apo. 20:10).

VERSÍCULOS CLAVES

El fuego consumidor

> Así que nosotros, que estamos recibiendo un reino inconmovible, seamos agradecidos. Inspirados por esta gratitud, adoremos a Dios como a él le agrada, con temor reverente, porque nuestro Dios es fuego consumidor».
>
> —*Hebreos 12:28-29*

1. ¿Qué quiere decir el autor de Hebreos al afirmar que: «estamos recibiendo un reino inconmovible»? Para ayudarle a responder a esta pregunta, lea Hebreos 12:26-27. Al final

de los tiempos, ¿qué será sacudido y derribado? ¿Qué permanecerá en pie?

2. Debemos ser agradecidos. «Inspirados por esta gratitud, adoremos a Dios como a él le agrada, con temor reverente». ¿Por qué?

3. El autor de Hebreos asegura que Dios es un «fuego consumidor». La «conmoción» y el «fuego consumidor» en este pasaje aluden a la ira santa de Dios y al juicio del mal. La metáfora de Dios como fuego consumidor aparece en otros pasajes de la Escritura. Lea Salmo 18:7-15. ¿Qué metáforas se usan para describir a Dios en este texto? Para un estudio adicional, lea Éxodo 24:17; Isaías 30:27-33; y Lucas 12:49.

4. Según 2 Pedro 3:10-14, ¿cómo debe el conocimiento de la «terrible conmoción» afectar la vida de los creyentes?

INTUICIONES BÍBLICAS

Prosigamos hacia «el premio»

Para animar a la iglesia en sus luchas, el autor de Hebreos nos recuerda a unos cuantos hombres y mujeres de fe, ya mencionados en la Escritura. Casi al final de este «hall o vestíbulo de la fe» escribe las estimulantes palabras:

> Todos ellos vivieron por la fe y murieron sin haber recibido las cosas prometidas; pero las reconocieron a lo lejos y confesaron que eran extranjeros y peregrinos en la tierra. Al expresarse así, dieron claramente a entender que andaban en busca de una patria. Si hubieran estado pensando en aquella patria de donde habían emigrado, habrían tenido oportunidad de regresar a ella. Antes bien, anhelaban una patria mejor, es decir, la celestial. Por lo tanto, Dios no se avergonzó de ser llamado su Dios, y les preparó una ciudad.
>
> —*Hebreos 11:13-16*

¿Qué movió a estos grandes hombres y mujeres de fe? Anhelaban «una patria mejor» —una patria celestial (vs. 16). Perseguían la visión de construir el reino de Dios. En palabras de Jesús, «Ellos no son del mundo, como tampoco lo soy yo» (Juan 17:16). Vivieron como extranjeros y peregrinos en la tierra porque fueron enviados al mundo (Juan 17:18) para impulsar el avance del reino «en la tierra como en el cielo» (Mat. 6:10). Y mientras anduvieron por esta tierra no vieron el cumplimiento de su visión. Ahora bien, nosotros preferimos periodos breves de tiempo. Si Dios nos promete algo y no lo recibimos de inmediato, tenemos la tendencia a indagar «el problema» haciéndonos estas preguntas: ¿Dónde nos equivocamos? ¿Está Dios enfadado con nosotros? ¿Estamos en pecado? Aunque estos factores sean posibles, puede haber otra razón. El creador suele actuar en periodos de tiempo que abarcan generaciones. El despliegue y avance de su reino es una obra de varias generaciones, no de una. Como los héroes del libro de Hebreos, hemos sido llamados a actuar por fe. Debemos estar firmes e inconmovibles en la persecución del reino, aunque no veamos el fruto de nuestro esfuerzo durante este tiempo.

Si perseguimos el reino de Dios con una perspectiva a largo plazo, Dios no se avergonzará de ser llamado nuestro Dios (Heb. 11:16). Este maravilloso elogio es para nosotros si guardamos la promesa del reino de Dios como nuestra meta, esforzándonos por hacer avanzar su reino con todo lo que somos, todo lo que tenemos y todo lo que sabemos (Heb. 11:16) —haciendo caso omiso de un éxito observable.

Un frente de batalla difícil

Hacer avanzar el reino de Dios no es tarea fácil. Las Escrituras suelen denominar este avance como *una batalla.* En esta batalla nos enfrentamos a Satanás —nuestro enemigo espiritual— quien se opone al reino de Dios con todas sus fuerzas. Los héroes del hall de la fe (los famosos de la fe) pagaron un alto precio en esta batalla.

> Otros sufrieron la prueba de burlas y azotes, e incluso de cadenas y cárceles. Fueron apedreados, aserrados por la mitad, asesinados a filo de espada. Anduvieron fugitivos de acá para allá, cubiertos de pieles de oveja y de cabra, pasando necesidades, afligidos y maltratados. ¡El mundo no merecía gente así! Anduvieron por desiertos y montañas, por

> cuevas y cavernas. Aunque todos obtuvieron un testimonio favorable mediante la fe, ninguno de ellos vio el cumplimiento de la promesa.
>
> —*Hebreos 11:36-39*

Aquellos cristianos pagaron el precio porque creyeron en el valor supremo del reino. Ellos lo entregaron todo para obtener «la perla de gran precio» (Mat. 13:45-46). Satanás siempre se opondrá al avance del reino de Dios. Como «príncipe de este mundo» (Juan 12:31; 14:30) y «dios de este mundo» (2 Cor. 4:4), él ejerce cierto grado de dominio en la tierra. Pero Satanás no es el dueño del mundo. El mundo le pertenece al Señor Dios, quien envió a su Hijo a reclamarlo para el reino. El apóstol Juan declara: «El Hijo de Dios fue enviado precisamente para destruir las obras del diablo» (1 Juan 3:8). Justo antes de ser crucificado, Jesús manifestó: «El juicio de este mundo ha llegado ya, y el príncipe de este mundo va a ser expulsado» (Juan 12:31). Esta «expulsión» del enemigo corre pareja con el avance del reino de Dios. Jesús declara en Mateo 12:28: «si expulso a los demonios por el Espíritu de Dios, eso significa que el reino de Dios ha llegado a ustedes».

La encrucijada clave

La cruz proveyó la encrucijada clave —o clímax— en la batalla contra Satanás. El apóstol Pablo asegura que Jesús «despojando a los principados y a las potestades...los exhibió públicamente, triunfando sobre ellos *en la cruz*» (Col. 2:15, RV, cursiva del autor). Jesús desarmó a Satanás y al mundo demoníaco por medio de la cruz. Él deshizo la principal arma de Satanás: el temor a la muerte. El autor de Hebreos nos anuncia que «él también compartió esa naturaleza humana para anular, mediante la muerte, al que tiene el dominio de la muerte —es decir, al diablo— y librar a todos los que por temor a la muerte estaban *sometidos a esclavitud* durante toda la vida» (Heb. 2:14-15, cursiva del autor).

En la cruz, el Señor Jesús confrontó de plano a Satanás. Fue una tremenda batalla. Tan intensa fue, que Jesús lloró al librarla. El fruto conseguido consiste en que los cristianos pueden vivir para Jesús y su reino porque saben que nunca morirán. Nos enfrentamos a un enemigo vencido cuya destrucción final está garantizada (Apo. 20:7-10). No obstante, «el diablo ronda como león rugiente, buscando a quien devorar» (1 Ped. 5:8). Él todavía causa estragos, pero la cruz de Cristo lo desarmó y aseguró su perdición definitiva y nuestra victoria. Esta derrota será obvia y completa al final de los tiempos. Mientras tanto, hemos de resistirle, manteniendo firme nuestra fe (1 Ped. 5:9). «Hemos de tomarle en serio», según el teólogo J. I. Packer, «pero no tanto como para vivir aterrorizados por él, pues no es sino un enemigo vencido». Y al igual que Jesús triunfó sobre el diablo, nosotros podemos vencerlo con la «armadura de Dios» (Efe. 6:10-18; véase sesión 7).

Dos reinos en conflicto

Jesús refirió la parábola del trigo y la mala hierba para ilustrar el conflicto entre el reino de Dios y el de Satanás.

> El reino de los cielos es como un hombre que sembró buena semilla en su campo. Pero mientras todos dormían, llegó su enemigo y sembró mala hierba entre el trigo, y se fue. Cuando brotó el trigo y se formó la espiga, apareció también la mala hierba. Los siervos fueron al dueño y le dijeron: ... ¿Quiere usted que vayamos a arrancarla? No —les contestó— no sea que, al arrancar la mala hierba, arranquen con

> ella el trigo. Dejen que crezcan juntos hasta la cosecha. Entonces diré a los segadores: Recojan primero la mala hierba y átenla en manojos para quemarla; después recojan el trigo y guárdenlo en mi granero.
>
> —*Mateo 13:24-30*

Dios continúa edificando su reino por todo el mundo. Al mismo tiempo, Satanás trabaja frenéticamente para oponerse, tratando de adelantar el suyo. Este reino falso cautiva al mundo... ¡Parece maravilloso! Es seductor y atractivo. Por el contrario, el mundo apenas nota la expansión del reino de Dios. Este avanza mediante los cristianos que visitan a los prisioneros, alimentan a los hambrientos, visten a los desnudos, abren sus hogares a los extranjeros, cuidan de las viudas y atienden a los huérfanos con SIDA. Avanza también a través de los cristianos que viven una vida «*coram Deo*» (ante el rostro de Dios) y desean glorificarle en todo lo que hacen, incluso en las actividades más insignificantes.

Pero Hebreos 12:26-27 nos advierte que un día sobrevendrá una gran sacudida. Todo lo que Satanás ha construido en este reino falso quedará reducido a un montón de escombros. ¿Qué quedará en pie? ¡El reino eterno e inconmovible de Dios! En ese día glorioso el mundo se llevará una terrible sorpresa. El reino inconmovible de Dios será revelado en todo su esplendor pues Dios lo estaba edificando en medio de nosotros durante todo este tiempo.

PREGUNTAS DE DESCUBRIMIENTO

El trigo y la mala hierba

Abra su Biblia y descubra más cosas acerca del poderoso e inconmovible reino de Dios.

1. Lea Juan 17:15 y Lucas 22:31-32. ¿Por qué cosa oró concretamente Jesús en estos dos pasajes?

2. ¿Por qué cosa no oró Jesús en Juan 17:15? ¿Por qué no oró por esto, según Juan 17:18?

3. Lea ahora Juan 14:30-31. En este pasaje, «el príncipe de este mundo» es Satanás. ¿Qué quería hacer él a Jesús? Si no está seguro, lea Juan 19:16-18.

4. Jesús dijo acerca de Satanás: «El no tiene ningún dominio sobre mí». ¿Quién es más fuerte, Jesús o Satanás y por qué?

5. Según el versículo 31, ¿por qué fue Jesús a la cruz?

6. Lea 1 Juan 4:4. ¿Quién es «más poderoso», el que está en ustedess (Jesús) o el que está en el mundo (Satanás)?

7. ¿Qué afirman estos versículos acerca de la batalla entre los cristianos y Satanás en este mundo?

8. Según Apocalipsis 20:7-10, ¿qué destino espera a Satanás?

9. En la sección de intuiciones bíblicas estudiamos la parábola del trigo y la mala hierba. Jesús explica esta parábola a sus discípulos en Mateo 13:36-43. ¿Qué representan las siguientes cosas?

   Semilla de la mala hierba:

   Buena semilla:

   El campo:

   La cosecha:

10. ¿Cómo describe esta parábola el pasado, el presente y el futuro del reino de Dios?

PUNTOS PARA RECORDAR

El reino victorioso de Dios

1. Jesús llama a sus seguidores a extender el reino de Dios con todas sus fuerzas, no importa si vemos ó no el fruto en nuestros días.
2. Satanás se opone enérgicamente al avance del reino de Dios.

3. Jesús vino a destruir la obra de Satanás y a «expulsarle» de este mundo (Juan 12:31). Este proceso corre paralelo al avance del reino de Dios.
4. En la cruz, Jesús venció definitivamente a Satanás y lo despojó de su arma más poderosa: el temor a la muerte.
5. El reino demoníaco de Satanás y el reino de Dios coexisten en la tierra y ambos avanzan. Sin embargo, el reino falso de aquél será juzgado y destruido por Dios.
6. El reino de Dios es inconmovible. Prevalecerá al final, aun cuando las cosas no parezcan ahora demasiado halagüeñas.

PENSAMIENTOS FINALES

Póngase a la ofensiva

> Desde los días de Juan el Bautista hasta ahora, el reino de los cielos ha venido avanzando contra viento y marea. Los que se esfuerzan, logran aferrarse a él.
>
> —*Mateo 11:12*

No sólo avanza sino que ¡lo hace de una manera eficaz! Aunque este potente avance no sea divulgado por las noticias, no por eso deja de producirse. Piense en su iglesia local. Es una «avanzadilla» que actúa detrás del frente enemigo para hacer avanzar decididamente el reino de Dios. Cuando el Señor estableció su iglesia le dijo a Pedro: «Yo te digo que tú eres Pedro, y sobre esta piedra edificaré mi iglesia, y las puertas del reino de la muerte no prevalecerán contra ella» (Mat. 16:18).

En los tiempos de Cristo, las ciudades solían estar protegidas con murallas y enormes portones. Sus constructores las edificaban así para defenderlas de los enemigos que intentaban conquistarlas. Las puertas formaban una barrera defensiva. En la imagen que emplea Jesús para describir a la iglesia, el enemigo está detrás de las puertas y la iglesia se lanza a la ofensiva. La iglesia toma la ofensiva y hace retroceder al enemigo. ¡Las puertas del infierno no podrán resistir el ataque lanzado por nuestro rey!

APLICACIÓN PERSONAL

Resistamos al reino falso

Dios lo ha salvado a usted para cumplir un propósito: que se incorpore a la campaña por la extensión de su reino. Aproveche estas últimas preguntas para aplicar los principios del reino a su vida.

1. Considere su propia comunidad o país. ¿Dónde está avanzando el reino satánico de las tinieblas? ¿Qué y cómo está siendo afectado?

2. ¿Dónde ve usted avanzar el reino de Dios en su comunidad o nación? ¿Cómo y de qué manera está siendo afectado?

3. Repase la armadura de Dios en Efesios 6:6-10. Luego lea la siguiente tabla. La columna de la izquierda contiene las partes de la armadura espiritual.

La armadura de Dios	Grietas en la armadura
Verdad	• Creer mentiras (a menudo muy sutiles)
Justicia	• Persistir en algunos hábitos de conducta pecaminosos
Evangelio	• Creer en un falso evangelio (Gál. 1:6-10)
Fe	• Temer y dudar
Salvación	• Vivir sin la salvación. Falta de seguridad en la salvación
Palabra de Dios (Escritura)	• Tener otras fuentes de autoridad para creerle a Dios
Oración	• Estar demasiado ocupado para orar

4. De las distintas partes de la armadura de Dios, ¿en cuál de ellas está usted más fuerte? ¿Por qué?

5. ¿En qué parte de la armadura está usted más débil? ¿Cómo puede fortalecerla?

6. ¿Qué cosa haría de otra manera después de haber terminado este estudio?

____

____

____

____

____

UNA RESPUESTA PRÁCTICA

Fortalezca su armadura

Repase la armadura de Dios presentada en la *aplicación personal* de esta sección. Escoja una de las partes de la armadura de Dios (verdad, justicia, evangelio, fe, salvación, palabra de Dios y oración) para hacer hincapié esta semana. A medida que va pasando la semana, ¿se siente más fuerte?... ¿más débil? Pida a Dios que fortalezca esta parte de su armadura y que le muestre cómo hacerlo. Luego conciba un *plan de acción* para ir mejorando la armadura durante todo el mes. Haga o recorte un dibujo que represente su fortaleza espiritual en esta parte de la armadura. Colóquelo en algún sitio para verlo todos los días y tómelo como inspiración.

Recuerda: *¡El reino de Dios es eterno e inconmovible!*

Notas

Sesión 1

1. John Fuellenbach, *The Kingdom of God: The Message of Jesus Today* (New York: Orbis Books, 1995), p. 9.
2. Ibid., p. 3.
3. E. Stanley Jones, *The Unshakable Kingdom and the Unchanging Person* (Nashville, Tenn.: Abingdon Press, 1972), p. 19.
4. Jones, *The Unshakable Kingdom*, p. 19.
5. Ibid.
6. Fuellenbach, *The Kingdom of God*, p. 15.
7. Ibid., p. 14.
8. Ibid., p. 6.

Sesión 2

1. Os Guiness, *The Call: Finding and Fulfilling the Central Purpose of Your Life* (Nashville, Tenn.: Word Publishing, 1988), pp. 194-5.
2. Leonardo Boff, *Jesus Christ the Liberator: A Critical Christology for Our Time* (Maryknoll, N.Y.: Orbis Books, 1978), p. 50. Jesucristo el liberador: Cristología crítica para nuestro tiempo. (Editorial Sal Terrae, 2000).
3. Francis A. Schaeffer, *Pollution and the Death of Man* (Wheaton, Ill.: Tyndale House Publishers, 1970), p. 68.

Sesión 3

1. Rodney Stark, *The Rise of Christianity: A Sociologist Reconsiders History* (Princenton: Princeton University Press, 1966), pp.73-86. El auge del cristianismo. (Editorial Andrés Bello, 2001).
2. Stark, *The Rise of Christianity*, p. 212. El auge del cristianismo

Sesión 4

1. Basado en el sermón «La historia de los cincuenta y siete centavo por Russell H. Conwell, publicado en *The Temple Review*, gaceta semanal del Templo Bautista, v. 21, n° 7, 19 de diciembre, 1921. Conwellana-Templana Collection/University Archives. Temple University Libraries. Agosto 1997.

Sesión 5

1. Charles R. Swindoll, *Improving your Serve: The art of unselfish Living* (Waco: Word, 1981), p. 86. Desafío a Servir (Caribe Betania, 1983).

Sesión 6

1. John F. Walvoord and Roy B. Zuck, *The Bible Knowledge Commentary* (Wheaton, Ill.: Scripture Press Publications, 1983, 1985).
2. Francis Schaeffer, *No Little People, No Little Places* (Downers Grove, Ill.: InterVarsity Press, 1974), pp. 19-20.
3. Rodney Stark, *The Rise of Christianity: A Sociologist Reconsiders History* (Princeton: Princeton University Press, 1966), pp. 97, 118. El auge del cristianismo. (Editorial Andrés Bello, 2001).
4. Stark, *The Rise of Christianity*, p. 126. El Auge del cristianismo.

Sesión 7

1. Thomas Cahill, *How The Irish Saved Civilization* (New Cork: Nan A. Talese/Doubleday, 1955), p. 102. Como los irlandeses salvaron la civilación. (Editorial Debate, 1998).
2. Ibid., p. 108.
3. Ibid., p. 123.
4. Ibid., p. 109.
5. Ibid., p. 110.
6. Grover Gunn, «*Making Waves*» *Tabletalk from Ligonier Ministries and* R.C. Sproul, ene. 2001, p. 12.
7. Ibid., p. 12.
8. Ibid., p. 12.
9. Ibid., p. 13.
10. Ibid., p. 12.
11. Ibid., p. 13.
12. Ibid., p. 12.
13. J. I. Packer, *Concise Theology* (Wheaton, III.: Tyndale House Publisher, 1993). Hallada en Logos Library Systems 2.1e, sin números de página. Teología Concisa. (Unilit, 1998).
14. Gunn, «*Making Waves*», p. 13.
15. Ibid., p. 57.
16. Packer, *Concise Theology*. Teología Concisa. Sin número de página.

Sesión 8

1. J. I. Packer, *Concise Theology*. Teología Concisa. Sin número de página.
2. Amy Carmichael, *Gold By Moonlight* (Fort Washington, Penn.: Christian Literature Crusade, 1960), pp. 120-21.

Guía para el líder

Sugerimos las siguientes directrices para los responsables que lideren los grupos de este estudio bíblico. Por supuesto, será necesario adaptar los estudios y las sugerencias que hemos hecho a la realidad de su grupo y de su cultura particular.

Cómo prepararse para dirigir un grupo de estudio

- Sugerimos reuniones de una hora por sesión. Esto permitirá dedicar:
  - 20 minutos a repasar las secciones de versículos claves e intuiciones bíblicas.
  - 20 minutos a comentar la sección de preguntas y la aplicación personal.
  - 10 minutos a orar unos por otros.
  - 10 minutos a la oración y la adoración.
- Es mejor limitar el grupo a seis u ocho participantes (no más de doce) para procurar que todos contribuyan a la conversación. Si la asistencia aumenta, sería conveniente dividir el grupo para el tiempo de coloquio y volver a reunirse para concluir en oración.
- Pídales a los participantes que completen la sesión individualmente (si cuentan con sus propios libros) antes de asistir a la reunión.
- Responda usted mismo todas las preguntas antes de la reunión para dirigir eficientemente el grupo. Asegúrese de que comprende los puntos principales de cada sesión. Reflexione cómo se aplican a su propia vida. Luego, al dirigir el grupo, puede prestar una mejor contribución al coloquio clarificando cuestiones cuando sea preciso y ofreciendo sugeren-

cias cuando la conversación se prolongue.

- Lea previamente las ideas sugeridas como *respuestas prácticas* al final de cada lección. Si piensan poner en práctica una o más actividades en grupo, lleve las cosas necesarias a la reunión.
- Preséntese con tiempo a las reuniones para preparar la sala (sillas, refrescos, ayudas a la enseñanza, etc.) y salude a los participantes a su llegada.
- Tómese tiempo en la primera reunión para presentar a los participantes. Si lo desea, puede empezar con alguna actividad para que los miembros se conozcan un poco más. Comience el estudio presentando las ideas principales de la introducción y leyendo los objetivos generales de las sesiones (ver las notas de estudio que siguen a esta guía del líder).
- Actúe como un moderador, no como un maestro. He aquí algunas sugerencias:
    - Anime al grupo a participar. Es mejor sentarse en círculo que en filas.
    - Llame a los participantes por su nombre.
    - Pida a distintas personas que oren y lean.
    - Haga preguntas y espere respuestas. No dé su respuesta inmediatamente.
    - Agradezca a los participantes sus ideas y pida la opinión de otros.
    - Escoja a los que tienden a ser remisos.
    - Recupere el hilo de la conversación de los participantes que tienden a dominarla y a desviarse del tema.
    - Pida una explicación a los participantes que se limitan a responder «sí» o «no».
    - Dosifique el estudio a un ritmo que permita la máxima comprensión de los participantes. Repase todo lo que

haga falta.

- Tenga en mente el objetivo de la sesión y no se desvíe de él. Estos objetivos, así como posibles respuestas a las preguntas se facilitan en las Notas de Estudio.

Otras sugerencias para dirigir las sesiones

- Pida a un miembro del grupo que comience y termine la reunión en oración.
- Comience la reunión repasando los *Puntos claves* para recordar de la sesión anterior. Tómese tiempo para comprobar cómo los participantes han puesto en práctica la enseñanza de la sesión anterior.
- Si lo desea, puede asignar los *Versículos claves* para leer como ejercicio de memorización. En ese caso, tome algo de tiempo al comienzo de cada reunión para que los participantes reciten los versículos correspondientes a esa sesión. Esto se puede hacer fácilmente en parejas para ahorrar tiempo.
- Vuelva a la sección de *Palabras claves* que conviene conocer cuando sea necesario, durante el coloquio.
- Lea los *Versículos claves* para leer y responda a las preguntas planteadas al grupo. (Compruebe posibles respuestas en las notas de estudio.)
- Si los participantes tienen libro, túrnense para la lectura de la sección *Intuiciones bíblicas*. Si usted es el único con libro, comparta los puntos principales o lea esta sección al grupo. La sección Puntos claves para recordar ayudará a presentar las ideas principales.
- Respondan en grupo a las *Preguntas de descubrimiento*. (Consulten posibles respuestas en las Notas de estudio.)
- Respondan en grupo a las preguntas de *Aplicación personal*. Si lo desea, y los participantes cuentan con sus propios

libros, pueden dividirse en grupos más pequeños (de dos o tres personas), y pedir a cada subgrupo que lean y respondan las preguntas de Aplicación personal.

- Si le parece conveniente, lleven a cabo una actividad de *Respuestas prácticas*. Se facilitan estas ideas optativas para ayudar a los miembros del grupo a aplicar los puntos principales de la sesión a sus propias vidas.
- En las *Notas de estudio* que siguen a esta *Guía* hallará los objetivos, las posibles respuestas a los *Versículos claves* y respuestas posibles a las *Preguntas de descubrimiento* para cada sesión.

Notas de estudio

Tanto si dirige como si participa en un grupo pequeño o estudia solo, le puede resultar útil consultar los objetivos de cada sesión, las *Intuiciones bíblicas* y las respuestas sugeridas para las *Preguntas de decubrimiento*. No todas las preguntas esperan una respuesta del tipo «correcto» o «incorrecto», pero estas sugerencias le ayudarán a estimular su pensamiento.

Sesión 1: ¿Qué es el reino de Dios?

Objetivo: Definir el reino de Dios. El reino de Dios está en cualquier parte donde se cumpla la voluntad de Dios.

Posibles respuestas a los versículos claves:

1. Escriba su propia definición del reino de Dios.
2. La primera petición es ésta: «Venga tu reino, hágase tu voluntad en la tierra como en el cielo». Otra forma de expresarla sería: que tu plan y tu perfecta voluntad sean hechos en la tierra, ahora, exactamente igual que en el cielo.
3. Su voluntad se cumple actualmente en el cielo. También se debería cumplir en la tierra.
4. El reino de Dios está donde se cumple su voluntad.

Posibles respuestas a las preguntas de descubrimiento:

1. Jesús nos anunció que el reino de Dios «está cerca» y que son «buenas nuevas».
2. Jesús nos encargó que «buscáramos prioritariamente» el reino de Dios.
3. Jesús dijo que debemos predicar las buenas nuevas del reino y que para eso él fue enviado.

4. Después de su resurrección, Jesús se apareció a sus discípulos y les enseñó por cuarenta días «acerca del reino de Dios»
5. En Éfeso, Pablo pasó tres meses «hablando con valentía» y «discutiendo persuasivamente» acerca del reino de Dios.
6. Por dos años, mientras cumplió arresto domiciliario en Roma, Pablo enseñó a sus visitantes «sin impedimento y sin temor alguno», desde la mañana hasta la tarde acerca del reino de Dios.
7. Pablo enseñó que el reino de Dios es «justicia, paz y gozo».
8. Pablo enseñó que el reino de Dios «no es cuestión de palabras sino de poder».

Sesión 2: El plan global

Objetivo: Entender que el reino de Dios no es un lugar limitado y espiritual, sino una realidad global que aporta sanidad a todos los aspectos de la vida y a todo elemento de la creación.

Posibles respuestas a los versículos claves:

1. Jesús es descrito como «imagen de Dios invisible», el «primogénito de toda la creación», el «creador de todas las cosas», el que «es antes que todas las cosas» y «en quien se sostienen todas las cosas». Se dice de él que es «la cabeza del cuerpo, la iglesia», «el primogénito de entre los muertos» y el que tiene supremacía sobre todas las cosas.
2. Jesús creó todas las cosas. De aquí se deduce que tiene autoridad sobre todo lo creado.
3. No. El pasaje nos anuncia que en él «subsisten todas las cosas». De donde se deduce que sin la implicación de Jesús, a cada instante, en su creación, todo se vendría abajo.
4. Él es la «cabeza» de la iglesia.
5. Él tiene supremacía sobre «todas las cosas» No hay nada en toda la creación que no esté incluido en «todas las cosas». Él es el Señor absoluto sobre toda la creación.

Posibles respuestas a las preguntas de descubrimiento

1. «Todo» aparece siete veces en la Nueva Versión Internacional.
2. Responda a esta pregunta con sus propias palabras.
3. Consúltese la siguiente tabla:

Colosenses 1:15–20	**Hebreos 1:1–3; 2:8–9**
Él es la imagen del Dios invisible… A Dios le agradó habitar en él con toda su plenitud	El Hijo es el resplandor de la gloria de Dios, la fiel imagen de lo que él es
Por medio de él fueron creadas todas las cosas	Por medio de él [Jesús], [Dios] hizo el universo
Por medio de él (todas las cosas) forman un todo coherente	El Hijo…el que sostiene todas las cosas con su palabra poderosa
No hay nada que no le esté sujeto	Para ser en todo el primero Dios puso bajo él todas las cosas …
Y por medio de él, reconciliar consigo todas las cosas…haciendo la paz mediante la sangre que derramó en la cruz	El Hijo…después de llevar a cabo la purificación de los pecados… Por la gracia de Dios, la muerte que él sufrió resulta en beneficio de todos

4. Todas las cosas están bajo la autoridad de Cristo y sujetas a él; no obstante, como declara el autor de Hebreos, «es cierto que todavía no vemos que todo le está sujeto». Esto refleja el «ahora, pero no todavía» del reino de Dios. Jesús tiene ahora mismo toda la autoridad, y a pesar de ello parece que gran parte del mundo no está sometido a su autoridad ni sujeto a él. Esto, sin embargo, cambiará. Porque Dios mismo asegura que cuando él vuelva: «ante mí se doblará toda rodilla y toda lengua confesará a Dios» (Rom. 14:11).

5. «La creación» aguarda su redención. El ámbito de la iniciativa redentora de Dios abarca a toda su creación.
6. La creación «fue sometida a la frustración» por causa de la caída.
7. La creación «aguarda con ansiedad la revelación de los hijos de Dios». Está «sometida a esclavitud que la corrompe» y «gime a una, como si tuviera dolores de parto».
8. «Ha de ser liberada de la corrupción que la esclaviza, para alcanzar así la gloriosa libertad de los hijos de Dios».
9. Los hijos de Dios son aquellos que han nacido de nuevo gracias a la fe en la salvación de Jesús. A medida que se produce una sanidad notoria en sus vidas, estarán equipados para ejercer la clase de dominio y administración de la creación que Dios previó, y ésta también será completamente liberada.

Sesión 3: Un punto de vista correcto

Objetivo: Entender que el reino de Dios representa un punto de vista diametralmente opuesto a la perspectiva del mundo. Invierte por completo la perspectiva de éste. O, más bien, la pone al derecho, según el plan original de Dios.

Posibles respuestas a los versículos claves:

1. «Que se levanten todos los valles, y se allanen todos los montes y colinas; que el terreno escabroso se nivele y se alisen las quebradas. Entonces se revelará la gloria del Señor, y lo verá toda la humanidad».
2. Será lo opuesto a lo que sucedió antes. Radicalmente distinto.

Posibles respuestas a las preguntas de descubrimiento:

1. Su prioridad es qué han de comer, beber y vestir.

2. Nuestra prioridad es la búsqueda del reino de Dios. Si adoptamos esta prioridad, Dios cuidará de nuestras necesidades de alimento, bebida y vestido (necesidades cotidianas) sin que tengamos que preocuparnos por ellas.
3. Responda basándose en su propia cultura.
4. Nosotros perdonamos porque Dios nos perdonó antes.
5. Si rehusamos perdonar a otros, Dios rehusará personarnos a nosotros.
6. Setenta y siete veces. El listón es tan alto para ilustrar lo mucho que Dios nos ha perdonado. Por causa de nuestro pecado, la deuda que teníamos con Dios era enorme. Gracias a que él nos perdonó una deuda tan grande, nosotros debemos ser generosos y perdonar también a los demás.
7. Ama al Señor tu Dios con todo tu corazón, con todo tu ser y con toda tu mente.
8. Ama a tu prójimo como a ti mismo. Es semejante al primero porque a lo largo del Nuevo Testamento queda claro que amar al prójimo es la manera práctica y fundamental de expresarle amor a Dios.
9. El gran mandamiento nos manda «amar a Dios». Jesús lo aclara diciendo: «¿Quién es el que me ama? El que hace suyos mis mandamientos y los obedece» (Juan 14:21). Jesús lo practicó en su vida. Nos dejó dicho en Juan 14:31: «hago exactamente lo que él [mi Padre] me ha ordenado que haga». El gran mandamiento nos ordena «amar a nuestro prójimo». Jesús dice que: «Nadie tiene amor más grande que el dar la vida por sus amigos.» (Juan 15:13). Jesús lo puso en práctica muriendo por nosotros en la cruz.
10. Podemos esperar «odio», «persecución», «dificultades», «oposición» y «amenazas de muerte». Jesús nos advirtió que si a él le trataron así, ciertamente harían lo mismo con sus discípulos.

11. Podemos aprender a no depender de nosotros mismos, sino de Dios.

Sesión 4: Practiquemos las matemáticas del reino de Dios

Objetivo: Descubrir que Dios se deleita en usar cosas insignificantes —los pequeños, los pobres y los débiles de este mundo— para extender su reino. Él aprovecha sus talentos, sus actos de servicio y su generosidad aparentemente insignificante y los multiplica sobrenaturalmente. A este principio lo llamamos «matemáticas del reino».

Posibles respuestas a los versículos claves:

1. Se dice de Dios que es «eterno» y «creador de los confines de la tierra». Que «no se cansa ni se fatiga» y cuya «inteligencia es insondable».
2. «Él fortalece al cansado y acrecienta las fuerzas del débil».
3. Confianza en Dios x nuestra debilidad = Fortaleza.
4. Para renovar fuerzas debemos confiar en el Señor.

Posibles respuestas a las preguntas de descubrimiento:

1. No
2. Los pobres son: (1) el muchacho con cinco panecillos y dos peces, (2) la viuda de Sarepta con un puñado de harina y un poco de aceite, y (3) la viuda del templo con dos centavos.
3. Para ser obediente, uno sólo necesita lo que tiene —no importa que sea pequeño, o incluso algo inmaterial, como amor o atención— más una gran fe en Dios y estar dispuestos a arriesgar.
4. Jesús multiplicó milagrosamente los panecillos y los peces del muchacho para alimentar a más de cinco mil personas.

Dios hizo milagrosamente que la vasija de aceite y el recipiente de harina no disminuyeran. Dios usó el abnegado sacrificio de la viuda en el templo para inspirar y motivar a innumerables cristianos a través de los siglos a dar más de lo que creían posible. En un sentido muy real, su pequeña dádiva ha sido multiplicada incontables veces.

5. No, la viuda del templo probablemente nunca vio que su sacrificado donativo había sido registrado en las páginas de la Biblia, ni que sirviera de inspiración y motivación para tan gran número de cristianos, ni todo el bien que generó.
6. Pueden incurrir en la ira de Dios.
7. Lo poco que uno tiene le puede ser arrebatado, y correrá grave peligro de condenación eterna.

Sesión 5: La definición de grandeza

Objetivo: Descubrir que en el reino de Dios la «grandeza» no se mide por el estatus, la posición social o el poder, sino por la obediencia humilde y el sacrificio abnegado.

Posibles respuestas a los versículos claves:

1. Jesús y sus discípulos recorrieron el camino de Jerusalén a Jericó. Fue su último viaje a Jerusalén. Él pensaba en la cercanía de su sufrimiento y en su crucifixión.
2. Santiago y Juan reclaman un asiento a la derecha y a la izquierda de Jesús. Él no puede responder a esta petición porque es una decisión que sólo corresponde al Padre. Los otros discípulos reaccionan con ira e indignación al enterarse del asunto.
3. «Oprimen» a los demás y «abusan de su autoridad» sobre ellos.
4. Es importante porque proclama que los discípulos han de imitar un patrón distinto al del mundo.

5. Quien quiera ser grande debe hacerse siervo, y quien quiera ser el primero debe hacerse siervo de todos.
6. Jesús no vino para ser servido, sino para servir a otros y dar su vida en rescate por muchos.

Posibles respuestas a las preguntas de descubrimiento:

1. Rebeca dio de beber al criado de Abraham (un extraño para ella) del agua que ella sacó del pozo. También dio de beber a sus camellos y ofreció la casa de su padre a un extranjero para que pasara la noche. Booz protegió a Rut (una extranjera). Le permitió ir a recoger espigas en su campo y beber de su jarro. Le proveyó grano. Dorcas siempre «se esmeraba en hacer buenas obras y en ayudar a los pobres». Ella había hecho túnicas y vestidos para las mujeres de la ciudad. La pecadora, en Lucas 7:36-39, enjugó los pies de Jesús con sus lágrimas, se los secó con sus cabellos y los ungió con perfume.
2. Todos ellos se preocupaban de las necesidades de los demás, especialmente de los pobres, extraños o extranjeros. Todos ellos mostraron una actitud de amabilidad y gentileza a quienes servían, procurando su bienestar.
3. Dé su propia respuesta a esta pregunta.
4. No. No hubo conflicto entre el servicio y la autoridad en la vida de Jesús. Ambos fueron evidentes. Consulte la respuesta 5.
5. En la enseñanza de Jesús hay ejemplos de autoridad. Él enseñaba con autoridad (Mat. 7:29). Tenía autoridad en la tierra para perdonar pecados (Mat. 9:1-8) y echar fuera demonios (Mar. 5:1-20). Jesús dice en Mateo 28:18 «Se me ha dado toda autoridad en el cielo y en la tierra». Ejemplos de liderazgo: llamó, guió e instruyó a sus discípulos. Ejemplos de servicio: él dijo: «Ni el Hijo del hombre vino para que le sirvan, sino para servir y para dar su vida en rescate

por muchos» (Mar. 10:45), y lavó los pies de sus discípulos (Juan 13:1-5).

6. Querían servir al nuevo rey.
7. El rey anterior (Salomón) les había impuesto un «pesado yugo» de trabajo penoso.
8. Los ancianos le recomendaron que sirviera al pueblo como rey. Los jóvenes le recomendaron que abusara de su autoridad sobre ellos y les impusiera un yugo aún más pesado. Roboam escuchó el consejo de los jóvenes. Sucedió que muchos israelitas se rebelaron, se separaron, y el reino quedó dividido.
9. El liderazgo no se opone a la necesidad de servir. De hecho, bíblicamente la autoridad siempre acompaña al servicio. Están vinculados. El ejemplo decisivo de esta vinculación es la vida y muerte de Jesús.
10. Dé su propia respuesta a esta pregunta.

Sesión 6: Todos son bienvenidos

Objetivo: Entender que no hay nadie espiritualmente inferior en el reino de Dios. Todos son bienvenidos e importantes. Cualquiera puede acceder a él.

Posibles respuestas a los versículos claves:

1. Dé su propia respuesta a esta pregunta.
2. Mediante la fe en Jesucristo.
3. Estábamos separados de Cristo, ajenos a los pactos de la promesa, sin esperanza y sin Dios en el mundo.
4. Hemos sido «bautizados en Cristo», en el «cuerpo de Cristo».
5. Hay unidad porque todos somos miembros del cuerpo de Cristo. Nadie es espiritualmente superior en el reino de Dios. Todos somos uno en Cristo Jesús.

6. No. La intención de Pablo no es abolir la diversidad sino enfatizar la unidad. Sabemos esto porque, en otros pasajes, Pablo afirma que a cada persona se le otorgan distintos roles y funciones. Véase Corintios 12:12-30 y Colosenses 3:18-4:1.

Posibles respuestas a las preguntas de descubrimiento:

1. *Génesis 1:26-27*: Todos hemos sido hechos a imagen y semejanza de Dios. *Éxodo 23:9* y *Efesios 2:11-13*: «En ese entonces ustedes estaban separados de Cristo, excluidos de la ciudadanía de Israel y ajenos a los pactos de la promesa». *Mateo 23:8*: Porque tienen un solo Maestro (Jesús) y todos ustedes son «hermanos».
2. Dios ordenó a Pedro que fuera a la casa de Cornelio. Pedro dudó antes de decidirse porque la ley judía prohibía el asociarse con los gentiles.
3. Pedro concluyó: «Dios no tiene favoritismos, sino que en toda nación él ve con agrado a los que le temen y actúan con justicia».
4. (La samaritana) se sorprendió porque él era judío. Los judíos consideraban a los samaritanos inferiores y por tanto no se asociaban con ellos.
5. Jesús no muestra favoritismo, sino que acepta a hombres y mujeres de toda nación.
6. Los seguidores de Jesús reprendieron al hombre y le dijeron que callara. Jesús se detuvo y le sanó.
7. El reino está abierto a todos, también a los pobres y los disminuidos físicos. Donde llega el reino hay sanidad para los quebrantados.
8. Pablo encargó a los esclavos que obedecieran a sus amos con respeto, temor reverencial y sinceridad de corazón, como si obedecieran a Cristo. No debían obedecer para «ganarse el favor» de sus amos sino servirles de corazón, como sirvien-

do al Señor y no a los hombres. Pablo instruyó a los amos que trataran del mismo modo a sus esclavos, que no les amenazaran, que les trataran noblemente. Debían darse cuenta que ambos tenían un amo común, el Señor Jesucristo, que no muestra favoritismo por los amos o los esclavos. Esta enseñanza radical pone al mismo nivel a amos y esclavos a los ojos de Dios. Nadie es inferior ni superior. Socava la esclavitud, pues ésta se basa en la idea de que una raza o grupo es inferior a otro.

9. Nosotros no debemos mostrar favoritismo hacia el rico en menoscabo del pobre. Hemos de amar a nuestro prójimo como a nosotros mismos, aunque sea pobre.

Sesión 7: El avance del reino de Dios

Objetivo: Examinar cómo el reino de Dios puede avanzar en cualquier cultura

Posibles respuestas a los versículos claves:

1. Jesús emplea la ilustración de la semilla de mostaza porque la naturaleza de una semilla es la de multiplicarse. De una semilla crece una planta y esa planta produce muchas semillas. La semilla original del reino es Cristo. De esta «pequeña semilla» crece una planta (la iglesia) que un día llenará la tierra. En segundo lugar, Dios se deleita en usar «pequeñas» cosas para producir un gran impacto en el reino. Dios puede usar a una sola persona (transformada interiormente mediante la fe en Cristo) para transformar una cultura entera. Dios puede usar un pequeño donativo, entregado con abnegación y con fe, para hacer cosas mucho mayores que el donativo original.
2. La semilla de mostaza representa a Cristo, y la planta a la iglesia (véase también Juan 12:24.) A otro nivel, la semilla de mostaza representa el esfuerzo leal y abnegado de los

cristianos para promover el avance del reino. Dios puede usar tales esfuerzos para producir un gran impacto.
3. Las personas cumplen distintas funciones en la propagación el reino, pero sólo Dios puede hacer que el reino crezca.
4. La levadura hace crecer toda la masa. Sólo se requiere una pizca de levadura para afectar un trozo de masa.
5. La levadura tiene un carácter dinámico. Una vez que un trozo de masa comienza a leudar, es imposible detenerlo. La levadura representa el poder dinámico y transformador del reino, y la masa representa el mundo.

Posibles respuestas a las preguntas de descubrimiento

1. Es una imagen de Jesús como poderoso y temible comandante general que dirige un gran ejército a la batalla.
2. El lino fino significa las acciones justas de los santos.
3. La «espada aguda» representa la palabra de Dios.
4. Él promete al Hijo: «como herencia te entregaré las naciones; ¡tuyos serán los confines de la tierra!»
5. Nuestra tarea consiste en contar a la gente las buenas nuevas del reino. Se nos manda hacer discípulos, bautizarlos en el nombre del Padre, el Hijo y el Espíritu Santo, y enseñarles a obedecer todas las cosas que Jesús nos ha enseñado.
6. Nuestra batalla es «contra poderes, contra autoridades, y contra potestades que dominan este mundo de tinieblas, contra fuerzas espirituales malignas en las regiones celestiales». No es contra «carne y sangre» (es decir, contra seres humanos).
7. El «cinturón» es la verdad. La «coraza» es la justicia. El calzado es la disposición a proclamar el evangelio. El «escudo» es la fe. El «casco», la salvación. La «espada», la palabra de Dios.
8. Porque el corazón humano está corrompido por la caída.

9. Porque toda la creación fue impactada por la caída y el plan redentor de Dios se extiende a toda la creación. Él es el Señor de toda la creación.

Sesión 8: El reino inconmovible

Objetivo: Entender que el reino de Dios y el reino de Satanás coexisten. Ambos avanzan. Sin embargo, el autor de Hebreos asegura que un día vendrá una terrible «sacudida» o «conmoción». Entonces el reino de Satanás quedará en ruinas y sólo el reino verdadero perdurará (Heb. 12:22-29). El reino de Dios es inconmovible.

Posibles respuestas a los versículos claves:

1. Estos pasajes hablan del juicio final de Dios y lo califican de «gran conmoción». Sólo el reino de Dios permanecerá intacto después de esta sacudida. Todo lo demás colapsará y no quedará sino un montón de escombros.
2. Porque recibimos un reino que no puede ser conmovido. Un reino eterno. Y porque adoramos a un Dios justo, todopoderoso e inspirador de un temor reverencial, puesto que de él se dice que es «fuego consumidor».
3. Humo, fuego, nubes oscuras, truenos, guerrero.
4. Deberíamos vivir vidas santas y piadosas en tanto aguardamos el regreso de Cristo.

Posibles respuestas para las preguntas de descubrimiento:

1. En ambos pasajes Jesús ora por sus seguidores para que sean protegidos de la insidia satánica y no les falte la fe.
2. Él no oró para que fueran apartados del mundo. Dios desea que sigamos «en el mundo» para usarnos para el avance de su reino.
3. Crucificarle.

4. ¡Jesús!
5. Porque esto fue exactamente lo que su Padre le mandó hacer.
6. Jesús es más grande o más poderoso que Satanás.
7. Podemos animarnos y consolarnos enormemente de que Jesús sea más poderoso que Satanás y de que su poder esté en nosotros. Él también oró por nuestras batallas contra Satanás.
8. Será arrojado al «lago de fuego» y atormentado para siempre.
9. La «mala hierba» son los hijos del maligno. La «buena semilla» son los «hijos del reino». El «campo» es el mundo. La «cosecha» es el juicio final.
10. En el pasado fueron sembradas las dos semillas. En el presente, tanto la cizaña como el trigo crecen juntamente. En el futuro, la mala hierba será arrancada y quemada, pero el trigo producido por la buena semilla será recogido.

Acerca de los autores

Darrow L. Miller es vicepresidente de Food for the Hungry International (Fundacion Contra el Hambre) y co-fundador de la «Disciple Nations Alliance» (Alianza para el Discipulado de las Naciones). Ha trabajado para la FHI desde 1981. Su pasión consiste en ayudar a la gente a aplicar la cosmovisión bíblica para que las naciones queden libres del azote del hambre y la pobreza. En su libro Discipulando naciones (1998, editorial JUCUM), expone su anhelo de renovar la visión de la iglesia por el discipulado de las naciones. Darrow es licenciado en pedagogía, tiene cuatro hijos, y reside con su esposa Marilyn en Cave Creek, Arizona.

Bob Moffitt es presidente de la «Harvest Foundation» y co-fundador de la «Disciple Nations Alliance». Por más de treinta años ha desarrollado y dirigido organizaciones cristianas fundadas para animar y equipar a los creyentes para mostrar el amor de Dios, especialmente a los quebrantados y a sus comunidades. Escribe y enseña materiales diseñados para preparar a los cristianos a vivir su fe de una manera práctica, particularmente en el contexto de las iglesias locales. Él y su esposa Judy residen en Phoenix, Arizona.

Scott D. Allen es coordinador internacional de la «Disciple Nations Alliance». Ha trabajado con FHI (Fundación Contra el Hambre), desde 1989, y ha servido como director de desarrollo de recursos humanos. Ha sido también misionero en Japón y profesor de inglés en iglesias locales del área de Osaka. Scott es diplomado en historia y pedagogía por la universidad de Willamette, Salem, Oregon. Reside con su esposa Kim y sus cuatro hijos en Phoenix, Arizona.

OTROS ESTUDIOS BÍBLICOS ESTILO DE VIDA DEL REINO

Para revolucionar vidas y renovar mentes

El plan singular de Dios para las naciones

por Scott D. Allen, Darrow L. Miller y Bob Moffitt

De Génesis a Apocalipsis, el tema central de la Biblia es el plan redentor de Dios. Aunque este plan comienza con el individuo, es un plan global —algo aún más maravilloso—. La iniciativa redentora de Dios se extiende a la sanidad y la transformación de naciones y culturas enteras, atacando la injusticia, la pobreza y la corrupción, y abarcando todas las esferas de la sociedad desde el comercio a las artes o la política. ¿Será la iglesia de nuestra generación fiel al mandamiento de Jesucristo de hacer discípulos en todas las naciones conforme a la plenitud que él predispuso? Para que esto ocurra debemos recuperar un entendimiento global del plan singular de Dios para las naciones —un plan que impactará su vida profundamente.

Disciple Nations Alliance

Founded by:
Harvest and Food for
the Hungry International

La «Disciple Nations Alliance» (DNA), o Alianza para el Discipulado de las Naciones, es un movimiento internacional de individuos, iglesias y organizaciones que comparten una visión: que las iglesias locales comprometidas —creíbles y de gran impacto— lleven a cabo una transformación genuina en sus comunidades, de tal envergadura que alcancen a discipular a su nación.

DNA fue fundada en 1997, cuando se asociaron Fundación Contra el Hambre y Harvest. La misión de FHI consiste en inspirar a las iglesias con la cosmovisión bíblica y equiparlas para poner en práctica un ministerio integral, personalizado, que afecte a todas las esferas de la sociedad. Nosotros proporcionamos herramientas sencillas que permiten iniciar un proceso de transformación inmediato en las iglesias establecidas —no importa su escasez de recursos.

Si desea recibir más información acerca de la Disciple Nations Alliance o de nuestros recursos para la enseñanza y la instrucción, no deje de visitar nuestra página Web: www.disciplenations.org

Disciple Nations Alliance

1220 E. Washington Street
Phoenix, Arizona 85034
www.disciplenations.org

Socios Fundadores

Fundación Contra El Hambre
www.fhi.net

Harvest Foundation
www.harvestfoundation.org

Samaritan Strategy Africa

Los mensajes y enseñanzas contenidos en los estudios bíblicos Estilo de vida del reino están siendo aplicados por todo el continente africano gracias al esfuerzo de Samaritan Strategy Africa, red colaboradora de iglesias africanas y organizaciones cristianas coaligadas para llevar a cabo la urgente tarea de despertar, equipar y movilizar a la iglesia africana para que se levante y transforme la sociedad. Samaritan Strategy Africa tiene por objetivo ayudar a las iglesias —proveyendo instrucción, modelos, conferencias y publicaciones— a:

- descubrir el plan global de Dios de llevar sanidad y transformación a las naciones;
- adoptar la cosmovisión bíblica y ponerla en práctica aplicando la verdad, la bondad y la belleza en todas las esferas de la sociedad;
- llevar a cabo un ministerio de evangelización en la comunidad, demostrando el amor de Cristo a los necesitados y quebrantados a través de obras de servicio.

Si desea recibir más información acerca de la Samaritan Strategy Africa, o de futuras oportunidades de formación, o averiguar cómo usted, su iglesia o su organización pueden implicarse, le invitamos a visitar nuestra página Web, o contactarse con:

Samaritan Strategy Africa
Dennis Tongoi, director de grupo
PO Box 40360, 00100
Nairobi, Kenya
Tel.: (254) 20-2720037/56
Email: afg@cms-africa.org
Página Web: www.samaritan-strategy-africa.org

Samaritan Strategy Africa está afiliada a Disciple Nations Alliance (DNA), movimiento internacional, fundado en 1997, cuando se asociaron Fundación Contra el Hambre y Harvest Internacional. La FHI fue constituida para inspirar a las iglesias locales comprometidas, creíbles y de gran impacto, a generar una transformación genuina en sus comunidades, de tal envergadura, que alcancen a discipular a su nación.

Para obtener más información, visite: www.disciplenations.org